JN078466

日本の
ホワイトカラー犯罪

前島 賢士

学文社

────── はしがき ──────

　1990年の株価下落と1991年の地価下落によるバブルの崩壊以来，2020年現在まで，日本は低成長となった。この間，日本は「失われた20年」と呼ばれ，最近では，「失われた30年」とも言われている。低成長による日本の経済力の低下，格差の拡大，非正規労働者の拡大，貧困の拡大は世間の耳目を集めてきた。そして，これらに関する著書は山のようにある。ただ，ここで少し立ち止まって考えると，「失われた30年」と言われる1990年代以降の日本では，企業不祥事が繰り返されたことが思い出される。野村證券による損失補填，第一勧業銀行による総会屋への利益供与，三菱自動車の欠陥車事件，日興コーディアル証券の不正会計，関西テレビの番組捏造事件が生じた。また，新聞をみれば，1990年代以降の日本では，経営者による特別背任や従業員による業務上横領，公務員の収賄の記事が散見された。

　企業不祥事や経営者による特別背任等は，それらが「失われた30年」において生じた以上，現代日本において研究すべき事象である。本書では，これらの事象，即ち，ホワイトカラー犯罪（ホワイトカラー犯罪に準じるものとしての組織体逸脱を含む）を研究するものである。

　また，1990年代以降の日本を考えると，少年非行，いじめ，不登校，援助交際といった社会問題もしくは社会病理が注目された。これらも，現代日本において研究すべき重要な事象である。そして，これらに関する多くの著書がある。それらの著書の中には，研究者

が「当事者目線」や「当事者意識」で考察すべきだとするものがある。「当事者目線」や「当事者意識」は，現在，基準，スタンダードになりつつある。もし，「当事者目線」や「当事者意識」が重要ならば，研究者は，研究者の社会的地位に近い事象，研究者の所属する世界に近い事象である不正会計や経営者による特別背任，従業員による業務上横領といったホワイトカラー犯罪を研究することは必要不可欠である。

さらに，言い添えると，筆者はホワイトカラー犯罪の研究と同時に，働きすぎの研究も行っている。筆者が働きすぎの研究を行っているのも，働きすぎが研究者の社会的地位に近い事象，研究者の所属する世界に近い事象で，「当事者目線」や「当事者意識」からすれば，研究すべき重要な事象であると考えるからである。

なお，本書における引用文内の（ ）は原著者によるものであり，〔 〕は筆者によるものである。

最後に，筆者の個人的事情を述べさせていただきたい。筆者は大学では商学部に所属し，マクロ経済学を学んだ。大学院では社会学専攻に所属し，犯罪社会学や社会病理学を学んだ。この経歴は筆者をホワイトカラー犯罪の研究へと誘った。また，この経歴は学問的能力において微力な筆者の研究の支えとなった。以下，本書では，社会学と経済学の理論や概念を駆使して，ホワイトカラー犯罪の研究を行っていく。

2020年6月

前島 賢士

── 目　次 ──

第2部　理 論 編

第1章

ホワイトカラー犯罪とは

本章では，まず，日本のホワイトカラー犯罪を研究する目的を述べる。次に，本書の章立てと概要を述べる。さらに，本書の考察対象であるホワイトカラー犯罪の定義を提示する。最後に，既存の日本におけるホワイトカラー犯罪に関する社会学的研究を概観する。

1節　日本のホワイトカラー犯罪を研究する目的

2020年現在，日本では，大企業による犯罪が社会問題となっている。大企業による犯罪，即ち，ホワイトカラー犯罪が日本では社会問題となっている。本書では，日本のホワイトカラー犯罪を研究する。日本のホワイトカラー犯罪を研究する目的は，研究することによって，その発生のメカニズムを明らかにし，日本におけるホワイトカラー犯罪の防止と減少の一助となることにある。

また，本書では，ホワイトカラー犯罪を犯す者が持つ正当化やイデオロギーに注目し，日本におけるホワイトカラー犯罪を犯す者の内面のメカニズムを明らかにする。

本書では，正当化を次のように定義する。

〈正当化とは，社会や集団からの制裁を和らげやすい動機の戦略的な表明もしくは内面化である〉

正当化に関しては，8章で詳述する。

また，本書では，イデオロギーを次のように定義する。

〈イデオロギーは，人間が自らの実在条件との関係をどのように生きるかというその方法を「地図」という形で表明する行為遂行的言説である〉

行為遂行的言説とは，呪い，説得，祝福等といった何かことをなす言語行為である。イデオロギーに関しては，9章で詳述する。

さらに，正当化とイデオロギーとの関連は，「イデオロギーは正当化のよりどころとなる」という関連である。この点に関しては，9章8節で詳しく考察する。

本書の目的は，正当化論とイデオロギー論に基づいた考察によって日本におけるホワイトカラー犯罪を犯す者の内面のメカニズムを明らかにすることである。

本書では，正当化とイデオロギーに注目した考察を行う。即ち，ホワイトカラー犯罪を正当化やイデオロギーといった犯罪者の内面的な側面，意識的な側面から考察していく。

本書の概念図式を表せば以下のようになる。

【実在条件→イデオロギー→正当化→ホワイトカラー犯罪】

本書では，上記の概念図式に基づいてホワイトカラー犯罪のメカニズムを明らかにするモデルを構築する。また，本書の考察は例証のレベルであり，厳密に証明するレベル，検証のレベルではない[1]。従って，本書では，概念図式に基づいたホワイトカラー犯罪のメカニズムを明らかにするモデルを明瞭に提示して，将来の研究における検証に役立つことを目指す。

なお，ホワイトカラー犯罪は他の犯罪に比べて，人権の重視がより必要なため，ホワイトカラー犯罪の下位概念である職務犯罪においては，人物や組織の固有名詞の使用は控えた。

一方，ホワイトカラー犯罪のもう一つの下位概念である組織体犯罪（もしくは組織体犯罪に近似した組織体逸脱）においては，組織の固有名詞を明示した。

また，本書の引用文献において，現在では差別用語に当たるものがみられるが，当該引用文献の出された当時は差別用語ではなかったことから，そのまま用いる。

2節　本書の章立てと概要

本書の章立てと概要は，以下の通りである。

2章から7章までは，「第1部　事例編」で，日本のホワイトカラー犯罪の事例の考察を行う。

「2章　大手都市銀行行員の職務犯罪」では，大手都市銀行行員の職務犯罪である大手都市銀行行員の出資法第三条違反を考察する。まず，事件のあらましをみる。次に，大手都市銀行行員の職務犯罪における正当化をみる。そして，正当化のよりどころであるバブル期の銀行業界の業界イデオロギーとしての冒険主義を考察する。さらに，大手都市銀行行員の職務犯罪における機会を考察する。

「3章　大手証券会社社員の職務犯罪」では，大手証券会社社員の職務犯罪である大手証券会社社員の業務上横領の共犯と詐欺を考察する。まず，大手証券会社社員の職務犯罪の裁判の傍聴記録と事件のあらましをみる。次に，大手証券会社社員の職務犯罪における

正当化をみる。そして，正当化のよりどころである証券業界の業界イデオロギーとしての個人顧客蔑視主義と営業重視主義を考察する。さらに，大手証券会社社員の職務犯罪における機会を考察する。

「4章　大手製紙会社会長の職務犯罪」では，大手製紙会社会長の職務犯罪である大手製紙会社会長の特別背任を考察する。まず，大手製紙会社会長の職務犯罪の事件のあらましをみる。次に，大手製紙会社会長の職務犯罪における正当化をみる。また，正当化のよりどころである大手製紙会社のイデオロギーとしてのワンマン主義を考察する。そして，ワンマン主義をもたらした大手製紙会社の実在条件である創業家による大手製紙会社の支配を考察する。続けて，大手製紙会社会長の職務犯罪における機会を考察する。さらに，ワンマン主義に含まれていた強い意志を考察する。

「5章　オリンパスの組織体犯罪」では，オリンパスの組織体犯罪であるオリンパスの金融商品取引法違反（有価証券報告書の虚偽記載）を考察する。まず，オリンパスの組織体犯罪の事件のあらましをみる。次に，オリンパスの組織体犯罪における正当化をみる。そして，正当化のよりどころである現代資本主義社会のイデオロギーである「会社それ自体」の物神崇拝を考察する。さらに，「会社それ自体」の物神崇拝をもたらしたオリンパスの実在条件である「会社それ自体」が物象化された経済を考察する。

「6章　東芝の不正会計」では，組織体犯罪に近似した組織体逸脱としての東芝の不正会計を考察する。まず，東芝の不正会計のあらましをみる。次に，不正会計を促進した東芝の経営指示をみる。そして，東芝の経営指示のよりどころである東芝のイデオロギーと

しての当期利益至上主義を考察する。さらに，当期利益至上主義をもたらした東芝の実在条件であるグローバル資本主義を考察する。

「7章　日本大学アメリカンフットボール部悪質タックル事件」では，組織体犯罪に近似した組織体逸脱としての日本大学アメリカンフットボール部悪質タックル事件を考察する。まず，日本大学アメリカンフットボール部悪質タックル事件のあらましをみる。次に，日本大学アメリカンフットボール部悪質タックル事件における正当化をみる。そして，正当化のよりどころである独裁主義という日本大学アメリカンフットボール部のイデオロギーを考察する。また，独裁主義をもたらした日本大学アメリカンフットボール部の実在条件である監督の大学内における絶大な権力を考察する。さらに，独裁主義，勝利至上主義と意志を考察する。

　8章と9章は，「第2部　理論編」で，ホワイトカラー犯罪を考察するための理論上の鍵概念である正当化とイデオロギーの考察を行う。

「8章　正当化」では，本書におけるホワイトカラー犯罪を考察する際の鍵概念である正当化を考察する。まず，社会学における正当化の研究を考察する。次に，ホワイトカラー犯罪における正当化の研究を考察する。そして，社会学における正当化の研究とホワイトカラー犯罪における正当化の研究に基づき，筆者の正当化の定義を提示する。

「9章　イデオロギー」では，本書におけるホワイトカラー犯罪を考察する際のもう一つの鍵概念であるイデオロギーを考察する。まず，マルクスのイデオロギー論を概観する。さらに，エンゲルス

のイデオロギー論を概観する。また，マンハイムのイデオロギー論を概観する。そして，アルチュセールのイデオロギー論を概観する。最後に，イーグルトンのイデオロギー論を概観する。そして，マルクスとエンゲルス，マンハイム，アルチュセール，イーグルトンのイデオロギー論に基づき筆者のイデオロギーの定義を提示する。また，正当化とイデオロギーとの関連を考察する。

「10章　結論」では，2章から7章までの日本のホワイトカラー犯罪の事例の考察をまとめて，帰納法的に，本書の結論を導き出す。

以上が，本書の章立てと概要である。

概要からも分かるように，本書の内容は画一的である。金太郎飴的であるとも言える。本書の内容が画一的であるのは，先ほど述べたように，概念図式に基づいたホワイトカラー犯罪のメカニズムを明らかにするモデルを明瞭に提示するためである。

3節　ホワイトカラー犯罪の定義

本節では，筆者のホワイトカラー犯罪の定義を提示する。

ホワイトカラー犯罪の概念を最初に提示したのはアメリカの社会学者であるサザーランドである。彼はホワイトカラー犯罪（white collar crime）を「名望ある社会的地位の高い人物がその職業上犯す犯罪」と定義している。上層階層の犯罪でも殺人は職業的行為の一部をなしていないためにホワイトカラー犯罪からは除外される。また，暗黒街での富裕な者の取り込み詐欺も，彼らが名望ある社会的地位の高い者ではないので除外される（Sutherland　1949＝1955：8-9）。サザーランドはホワイトカラーを主として事業の支配

人 (business manager)，事務執行者 (executives) を指すものとして用いている (Sutherland　1949＝1955：13)。サザーランドはホワイトカラー犯罪の概念の下に，取引制限（反トラスト法違反），特許権や商標権および著作権の侵害，広告における虚偽表示，不当労働行為，金融操作（横領，株式市場操作），戦争中の統制違反等を考察した (Sutherland　1949＝1955：58-215)。

　サザーランドがホワイトカラー犯罪の概念を提示した後，アメリカでは多くのホワイトカラー犯罪の研究が犯罪社会学においてなされた。その中でホワイトカラー犯罪を２つに分ける考え方が出てきた。

　クリナードとクィニィはホワイトカラー犯罪を職務犯罪 (occupational crime)[2] と企業犯罪 (corporate crime) に分けた。職務犯罪とは「個人が自分のためにその職業上犯す犯罪，雇用者が雇主に対して犯す犯罪」である。企業犯罪とは「企業の職員が企業のために犯す犯罪，企業自身の犯罪」である (Clinard and Quinney [1967] 1973：188)。この彼らの区分に従って多くの企業犯罪の研究がなされるようになった。

　コールマンもホワイトカラー犯罪の分類を行った (Coleman 1985, 1987)。

　コールマンはホワイトカラー犯罪を「何らかの形で尊敬される合法的な職業もしくは財務上の活動において，個人や集団が犯す法律違反」と定義した。そして，ホワイトカラー犯罪を組織体犯罪 (organizational crime) と職務犯罪とに分類した。組織体犯罪とは「公式な組織の支持や後押しをともなった，少なくとも幾分かは組織体

の目標を達成するために意図されたホワイトカラー犯罪」である。組織体犯罪という概念を用いることによって違法盗聴といった政府の犯罪が含まれる。一方，職務犯罪とは「専ら個人的な利益のために，個人や個人の集団によって犯されるホワイトカラー犯罪」である（Coleman　1985：5-9）。

　コールマンは以上の区分に基づき著書の"Criminal Elite"の初版の中では組織体犯罪と職務犯罪をそれぞれ独立して章立てした（Coleman　1985）。

　このコールマンの分類に対してカラビタとポンテルは反論を行った。彼らによれば，コールマンの分類は組織体が組織体自身に対する犯罪のための媒介物になる可能性を無視している。1980年代のアメリカのS&L（Savings and Loan　貯蓄貸付組合）の経営者はS&Lの金銭を横領したり，過度の報酬を受けたりしていた。彼らはこれを集団横領（collective embezzlement）と名付けた。集団横領は「トップマネジメントが個人的な使用のために会社の資金を吸い上げること」である。これは組織体犯罪と職務犯罪の混合犯罪（hybrid crime）であり，会社による会社に対する犯罪である。カラビタとポンテルはコールマンのホワイトカラー犯罪の理論は製造業中心の資本主義に焦点を当てたものであり，20世紀の終わりのアメリカの資本主義は金融取引が中心で，S&Lの事件のような集団横領が広がっているとしている（Calavita and Pontell　1991）。日本では1990年代に，信用組合の理事長が組合を私物化し，親族会社に融資を行った背任の事件がみられたが，これが集団横領に当たる。

　コールマンはカラビタとポンテルの指摘を受けて，組織体犯罪と

職務犯罪の区分を二分法としてではなく，連続体として理解し，"*Criminal Elite*" の第3版では，組織体犯罪と職務犯罪を一緒にしてホワイトカラー犯罪として章立てている（Coleman 1994＝1996）。

　日本においては，板倉が組織体犯罪の概念を考察し，組織体犯罪と職務犯罪を区別している。板倉によれば，組織体犯罪は，組織体を主体とする組織体自体の違法な逸脱行動—公害，薬害，食品公害，都市災害などの企業災害，企業の利益をはかるための贈賄，談合，独禁法違反，消費者をだます詐欺的商法など—であるのに対し，ホワイトカラー犯罪としての「職務犯罪」は，組織体のなかにいる者が，その職務上の立場を利用して，自分のために違法行為をするものであり，組織体自体の犯罪ではない（板倉 1988）。

　職務犯罪と組織体犯罪の分類に近いことを米川も行っている。米川はホワイトカラーの犯罪者を ① 企業結合型犯罪者，② 地位結合型犯罪者，③ 一般的犯罪者に類型化した。彼ら彼女らそれぞれが ①′ 企業結合型犯罪，②′ 地位結合型犯罪，③′ 一般的犯罪を行う（米川 1985）。

　①′ 企業結合型犯罪は「企業業務の枠内で，企業の運営ないし活動の一環として組織的に遂行される犯罪」である。②′ 地位結合型犯罪は「自己または第三者の利益を目的として自己の職業的地位を利用して遂行される犯罪」である。これは企業内規範や事業道徳からも逸脱した犯罪である。犯罪から得られる利益が企業ではなく，行為者個人や第三者に帰属しており，企業結合型犯罪とは異なる。地位結合型犯罪は，さらに一般的地位結合型犯罪と特殊的地位結合

型犯罪に分けられる。一般的地位結合型犯罪は「地位の上下や種類を問わず一般的にみられる地位結合型犯罪」で，背任や業務上横領が典型としてあげられる。特殊的地位結合型犯罪は「特定の限定された地位ないし種類についてのみみられる地位結合型犯罪」で，公務員の収賄や会社役員の特別背任，金融機関の役職員の浮貸し[3]（出資取締法違反）が典型としてあげられる。③′一般的犯罪は「企業業務や職業的地位とのかかわりなしに遂行される犯罪」である。これはたまたまホワイトカラーが犯した犯罪であり，サザーランド以来のホワイトカラー犯罪の研究には含まれない（米川　1985）。

　米川のいう企業結合型犯罪と地位結合型犯罪はそれぞれ組織体犯罪と職務犯罪に対応する。

　ところで，ホワイトカラー犯罪を職務犯罪と組織体犯罪に分けることの意味は何であろうか。ブレイスウェイトによれば，ホワイトカラー犯罪を職務犯罪と組織体犯罪に分けることは，理論的発展のために必要だという。同質の領域である組織体犯罪の研究は組織理論によって理論的な発展がある。しかし，職務犯罪は組織体犯罪に比べて同質のカテゴリーではないので一般的な理論は難しく，職務犯罪の特定なタイプの研究しかないとしている（Braithwaite 1985）。筆者の考えでは，ブレイスウェイトの考えはもっともであり，職務犯罪の研究は特定の研究とならざるをえない。しかし，職務犯罪を犯す者には，正当化やイデオロギーといった共通のものが存在するのである。

　以上，ホワイトカラー犯罪と組織体犯罪，職務犯罪の概念をみてきた。これらの概念に基づいて，筆者はホワイトカラー犯罪を次の

ように定義する。

〈ホワイトカラー犯罪とは，合法的な職業についている人物が，その職業上犯す犯罪である〉

本書では，ホワイトカラー犯罪を「職務犯罪（occupational crime)」と「組織体犯罪（organizational crime)」との2つに分ける。そして，職務犯罪を次のように定義する。

〈職務犯罪とは，合法的な職業についている人物が，個人的な利益を目的としてその職業上犯す犯罪である〉

職務犯罪としては，業務上横領，詐欺，背任，特別背任，収賄等があげられる。業務上横領は会社の金銭を着服することであり，個人的な利益を目的とすることから，職務犯罪である。実際，職務犯罪の研究として横領の研究はよくみられ，クレッシーの横領の研究が代表例である（Cressey 1953)。詐欺に関しては，会社ぐるみで顧客から金銭を騙し取るという場合もあるが，顧客から注文があったと言って，会社から商品を騙し取るといった個人的な利益を目的とする場合もある。前者の場合は組織体犯罪であり，後者の場合は職務犯罪である。背任は，日本の刑法では，他人のためにその事務を処理する者が，自己若しくは第三者の利益を図り又は本人に損害を加える目的で，その任務に背く行為をし，本人に財産上の損害を加えることであり，個人的な利益を目的とすることを含むことから，職務犯罪である。特別背任は日本の会社法では，取締役等が，自己若しくは第三者の利益を図り又は株式会社に損害を加える目的で，その任務に背く行為をし，当該株式会社に財産上の損害を加えることであり，個人的な利益を目的とすることを含むことから，職務犯

罪である。収賄は政治家や公務員が個人的な利益を得るために犯すもので，職務犯罪である。一方，贈賄はそれが会社の利益のためになされるのであれば，組織体犯罪である。

なお，occupational crime の日本語訳には職務犯罪の他に職業犯罪がある。この職業犯罪は vocational crime の訳として使われることがある。vocational crime とは，安定した収入を得る目的で職業キャリアとして営まれる犯罪であり，プロの窃盗がその典型である（田村　1995）。そこで，本書では vocational crime と混同しないために occupational crime の訳は職務犯罪とする。

また，筆者は組織体犯罪を次のように定義する。

〈組織体犯罪とは，合法的な職業についている人物が，組織の利益を目的としてその職業上行う行為から構成される，合法的な組織を主体とする合法的な組織自体の犯罪である〉

組織体犯罪としては，不正会計，薬害，公害，独占禁止法違反等があげられる。不正会計，薬害，公害，独占禁止法違反も，企業を経営している者が，彼自身の利益のためではなく，企業の利益のために犯す犯罪であり，また，その犯罪は企業自体が主体となる犯罪である。従って，不正会計，薬害，公害，独占禁止法違反は組織体犯罪である。

4節　日本におけるホワイトカラー犯罪の社会学的研究

社会学者であるサザーランドが行ったホワイトカラー犯罪の研究を受けて，日本でもホワイトカラー犯罪の社会学的研究が行われた。本節では，日本におけるホワイトカラー犯罪の社会学的研究を概観

する。

　日本におけるホワイトカラー犯罪に関する社会学的研究として，まず，山中の研究があげられる。

　山中は公務員犯罪を研究した。山中によれば，公務員犯罪は極めて多くの変形を構成する可能性をその人間関係の中に含んでいる。公務員犯罪の特徴を要約すれば，次のように整理できる。① 公務員犯罪の関係当事者は，公務員とその相手方たる一般民間人である。② 犯罪行為は一連の行為連関の中に含まれている。③ 犯罪行為は人間関係，相互作用といった形式をとる。④ この人間関係は，原則として，職務上の接触を通じて生起する。⑤ この関係は一定期間継続する可能性を持っている（山中　1959：108）。

　また，山中は，サザーランドの提示したホワイトカラー犯罪の概念とそれに対する批判，サザーランドがホワイトカラー犯罪の考察の際に用いた分化的接触理論[4]とそれに対する批判を紹介した（山中　1963a）。

　さらに，山中はサザーランドのホワイトカラー犯罪の研究とそれに対する批判を紹介し，ホワイトカラー犯罪の研究の発展を期待した（山中　1963b）。

　また，山中は，公務員による収賄，横領，詐欺等の公務員犯罪を考察した。山中は公務員犯罪の構造的特質，公務員犯罪の時代的特質，公務員犯罪と官公庁組織，社会・経済的構造と公務員犯罪，公務員犯罪と裁判，公務員犯罪と量刑，公務員犯罪の社会政策的対応策等を考察した（山中　1976）。

　次に，山中は労働基準監督官の収賄を考察した。山中によれば，

労働基準監督官は，行政上の処分も，司法上の処分もおこないうる権限を持っている。一時的にせよ業務停止，営業停止を受けた場合の事業主の損害は，企業のイメージ，信用失墜をも含めて，きわめて大きい。もし，労働基準監督官と知己であることで，処分が軽くすめば，彼らにとってこのような投資は安いものということができる。このような点に公務員犯罪発生の基盤が存在する（山中1977a）。

　さらに，山中は敗戦後の農地委員の収賄を考察した。山中によれば，市町村農地委員会は地主からの農地買収にあたって買収計画書を作成する最初の機関であり，また耕作者に売渡通知書を作成する最初の機関でもあった。ある農地委員は，進駐軍が来てとり壊すとか，罰金，懲役になるぞといって相手に脅しをかけており，敗戦後の悪徳公務員の一面を示している（山中　1977b）。

　山中は検察統計年報を中心にして，収賄や贈賄，職権乱用を考察した。山中は贈収賄に関係した公務員の職務権限，さらには社会的儀礼としての贈答関係に対する法執行機関の認識，判断は世論の動向を無視できないとする仮説を提示している（山中　1980）。

　山中によれば，公務員犯罪には「公務員犯罪の悪質化の過程」が存在する。「公務員犯罪の悪質化の過程」とは，次の通りである。第1段階は，誘惑されたり，他人，同僚等の犯罪，非行に関心を持つ段階である。この段階では供応回数も少なく，供応の内容も簡単な食事くらいである。第2段階は，役人に犯罪の動機が知らず知らずのうちに起こってくる段階である。供応する相手の人数は複数化して多くなってくる。第3段階では，遊興の回数も多くなり，日常

の行動が派手になってくる。犯罪発覚の危険性も高くなり，危険性をいち早く察知した民間人らは次第にその役人から遠ざかるようになる。役人は遊興費欲しさに新しい相手を求めていくか，収賄以外の他の手段（サラ金からの借金，職場での窃盗，業務上横領等）で遊興費を捻出する（山中　1983a）。

　また，山中によれば，公務員犯罪の発生する基盤というものは，経済的には企業間の過当競争，政治的には政治腐敗，社会的には供応社会と贈答関係，拝金主義，享楽主義的風潮，心理的には自制心の欠如，状況的には役所の人事管理上の御都合主義，見とおしの甘さといったものに求められる。そして，これらが相乗的に作用して犯罪をひきおこす（山中　1983b）。

　山中は主として公務員の犯罪を中心として日本における組織体犯罪研究を考察した。山中は組織体犯罪の研究を概観し，「昇任」をキー概念とした公務員犯罪の概念図式，公務員犯罪の悪質化の過程の図式を提示した（山中　1988）。

　井上眞理子はホワイトカラー犯罪に関して研究した。井上眞理子は，犯罪としてのビジネスの「犯罪性」の，当の犯罪者にとっても，一般大衆にとっても見えにくさを考察した。井上眞理子によれば，犯罪としてのビジネスの名のもとにカルテル，トラストから贈賄，公害まで多様な犯罪を一括することは議論を散漫なものにさせる（井上眞理子　1980）。

　また，井上眞理子は汚職を研究した。井上眞理子によれば，「汚職」とは狭義にとれば，公務員がその地位，権限を不法に利用することで私的な利益を得ることである。より広義には，公務員に限ら

ず一般に職務権限に関連した私的利益の追求が含まれる。そして，井上眞理子は規範論的（「規範の重層性」）アプローチ，組織論的アプローチ，構造論的アプローチから汚職を考察した（井上眞理子1984）。

　次に，井上眞理子は薬害を研究した。井上眞理子によれば，企業組織はその目標に適合した独自の規範を持ち，法規範違反である企業犯罪はこの企業規範によって支持されている。しかし，企業規範はその内部でさらに主要規範と副次規範に分化する。副次規範に従う企業下部メンバーの行為は，企業犯罪をチェックする潜在的機能を持つことがある。企業は，これに対して否定的サンクションをもってこたえ，組織構造の維持をはかろうとする。しかし，この企業下部メンバーが組織外の集団の支持を求めてこれに成功する時，企業犯罪に対する内部告発運動となって展開していくことになる（井上眞理子　1986）。

　さらに，井上眞理子はアメリカにおける組織体犯罪の研究を紹介する論文を書いている（井上眞理子　1988）。この論文は日本における組織体犯罪の先行研究として役立つものとなっている。

　平岡は組織体犯罪の考察を行った。平岡は，犯罪の実行主体が組織自体であり，組織の諸特性が犯罪を生み出すと考えられることから，組織による犯罪をさすものとして，「組織体犯罪」の概念を提起する。平岡によれば，組織の巨大化が進行した現代社会においては，組織体犯罪の生起する可能性が増大している（平岡　1985）。

　平岡はカルテルの分析を通じて，組織体犯罪一般を考察した。平岡によれば，組織体犯罪，特に企業の犯罪の場合，当該組織は，統

制機関と結託して，犯罪を規制する法律自体を制定することが可能であり，またその内容をもある程度左右しうる。そして，制定された法律は，犯罪の規制に関わるだけでなく，課業環境の態様をも統制することによって，犯罪の動因，促進条件に影響を及ぼし，間接的に犯罪を助長することもある。さらに，個人犯罪と同様に，統制機関の規制が，組織の犯罪意識の高低をかなり規定する。しかし，統制環境だけではなく，組織固有の要因，課業環境的要因も組織を犯罪へと導く上で無視できない影響力を持つ（平岡 1988）。

平岡は証券不祥事事件としての証券会社の利回り保証を考察した。平岡によれば，利回り保証の事例によって，経済犯罪が，経済的な誘因だけでは説明しえないことが例証される。そこには，犯罪意識の低下という要因が大きく関与している。そして，犯罪意識を希薄にするのに重要な役割を果たしているのが，政府機関，統制機関と業界との直接的，継続的な組織間関係と，それによって規定されるところの摘発・規制のあり方である（平岡 1993）。

栗岡は薬害被害者の意味世界の諸相を考察した。栗岡はキノホルムを服用してスモンの症状を発現した被害者の手記を分析した。栗岡によれば，スモン患者は患者役割を持つが，その後，スモン患者の意味世界は変動し，被害者から告発者へとなり，スモン患者の意味世界は再構築される（栗岡 1986a）。

栗岡はスモン事件を事例として薬害における逸脱と裁判を考察した。栗岡によれば，裁判とは，単に過去の出来事の確定と評価の場ではなく，まさにそこで逸脱と統制の主体が生成する場なのである。この生成の過程ではじめて，薬害は逸脱行為の結果として現れ，企

業犯罪が成就する（栗岡　1986b）。

　宝月は環境や相互作用の様式に焦点を定めながら，製薬企業の企業逸脱としての薬害の研究を行った。宝月は1984年に製薬企業の経営者に対するアンケート調査（有効回答数30ケース，有効回答率36.1％）を行った。宝月によれば，企業経営者や担当者が環境への対処の必要から，組織能力や現実を無視した企業戦略をあせって実行しようとする時に，企業逸脱の可能性は高まる。企業が行政機関の監視や指導や審査能力，あるいは消費者や世論の反作用といった統制環境の能力を低く評価したり，不当とみなす度合が高いほど，企業逸脱に関与する可能性も高まる（宝月　1986）。

　宝月は組織体逸脱やホワイトカラー犯罪の社会的定義，組織体逸脱やホワイトカラー犯罪への規制とその効果の分析，組織体逸脱やホワイトカラー犯罪が生じやすい環境や逸脱化の過程の分析，組織体逸脱やホワイトカラー犯罪及びそれらへの規制や反作用が社会生活に及ぼす影響の研究，組織体や経営者の社会的責任論に関して論述している（宝月　1988）。

　牟田は製薬企業労働者の告発運動を考察した。牟田は1983年と1984年にある大手製薬企業の労働組合員や関係者へのインタビューを行った。大手製薬企業内の研究労働者は薬害の発生を未然に防止しようとしてきた。大手製薬企業労働組合の運動の特徴は，既成の労働組合運動の枠を越えて市民的普遍性を獲得したことにある。それを可能にしたのは，争点・目標の特殊性もさることながら，運動の当初から彼らが培ってきた外部の諸組織との連携に負うところが大である。そのことは組合結成の準備段階から彼らに複眼的視点を

与え，戦略を幅広いものにしたし，実質的に様々な資源を彼らに与えもした（牟田　1986）。

　田中は薬害を考察した。田中は個人と組織との関係，組織間の関係に注目して，薬害の構造を考察した。また，田中は薬害の医学的認定と薬害の社会的認定に注目して，薬害の顕在化過程を考察した。さらに，田中は薬害防止の可能性を考察した（田中　1986）。

　近藤は組織体逸脱現象を企業組織体の一定の行動と社会的反作用とを構成要素とする社会的な出来事として捉え，このような社会的出来事を説明対象とする経験的な調査と理論構成を行うためのより一般的な分析視角として，社会的相互作用論と権力分析を検討した（近藤　1991）。

　加藤と河合，久保は，日本，アメリカ，ロシアにおいて，組織体の逸脱行動に対する責任の帰属に関する一般人1,800人の意識を調査分析した。調査によれば，組織体内における個人または集団の行為が，ある場合には個人の行為とみられ，他の場合には組織体の行為とみられる。その判断は，当該行為者が有している目的，地位，役割，行為者の意思決定形態の違いにより左右される。また，上司に帰せられる責任について，日本とアメリカの差は，終身雇用を基礎とする組織の違いから，社内では個人を長期的に遇し，対外的には，組織上の責任者に責任をとらせる日本と，個別事件への具体的関わりで判断するアメリカという具合に性格づけられる（加藤・河合・久保　1995）。

　以上，日本におけるホワイトカラー犯罪に関する社会学的研究をみてきた。日本の社会学においては，ホワイトカラー犯罪研究はア

メリカほど盛んではないが，少ない数ではない。また，ホワイトカラー犯罪研究のアプローチも多様である。これら日本のホワイトカラー犯罪の社会学的研究の歴史を受けて，本書では，正当化論とイデオロギー論というアプローチから，日本におけるホワイトカラー犯罪を考察する。

注————————————————

1）高坂によれば，鍵概念からは命題を導き出してくることはできない。「定理」（証明ずみの命題）を得るためには，厳密な数学的モデルの構築とその分析が必要になってくる。仮に数学的なモデルが難しいとしても，公理や仮定を明示したモデル構成的な発想がなくては「導出」はおぼつかない（高坂　1987：37）。

2）職務犯罪という概念は，これ以前にもクィニィは使っている（Quinney　1964）。そこでは職務犯罪を「違反者の社会的地位にかかわらず，職業活動のうちに生じる全ての違反」と定義し，ホワイトカラー犯罪を職務犯罪と企業犯罪の2つに分けるという考え方はまだ出てきていない。

3）浮貸しとは，銀行を例に取れば，正規の貸付の手続もせず，元帳にも記載しないで，自分の責任で手元にある銀行の資金を貸しつける，もしくは有利な利殖を希望する顧客から個人的に運用を委ねられた資金等を貸しつける行為である。支店長や次長，支店長代理等の地位にある者が行った（藤木　1972：322）。

4）分化的接触理論とはサザーランドが提唱した理論である。サザーランドによると，犯罪行動は他者との相互作用のうちで伝播し習得される。さらに，犯罪行動の大部分は親しい個人的な集団内において習得され，映画や新聞等は犯罪行動の発生にあまり重要な役割を演じない。習得される内容は，犯罪を行う技術や動機，衝動，合理化，態度等の

特殊な傾向である。動機や衝動の特殊な傾向は，法律を利益，あるい
は不利益とする観念から習得される（Sutherland　［1939］1947＝
1950：6-10）。

第1部
事 例 編

第2章

大手都市銀行行員の職務犯罪

1節　大手都市銀行行員の職務犯罪に関して

本章では，大手都市銀行（以下，A銀行）行員の職務犯罪を考察する。その際に，銀行業界の業界イデオロギーに注目する。本章の目的は，A銀行行員の職務犯罪と正当化，銀行業界の業界イデオロギーとの関連の考察である。

本章では，まず，事件のあらましをみる。次に，A銀行行員の職務犯罪における正当化をみる。さらに，正当化のよりどころである銀行業界の業界イデオロギーを考察する。そして，A銀行行員の職務犯罪における機会を考察する。最後に，分析を行う。

なお，本章における法律等は事件当時のものである。

2節　事件のあらまし

本節においては，元A銀行支店長（以下，支店長Aとする）の出資法第三条違反の事件を事例として取り上げる[1]。考察にあたっては，現役の銀行員との面接，事件の現場となった横浜市青葉区の不動産業者との面接，公判廷供述調書[2]，判決文[3]，上告棄却の決定書[4]，新聞[5]，銀行業界に関する文献を資料として用いる。

判決文，上告棄却の決定書，新聞での報道から分かった支店長Ａの事件の概略は次の通りである。

　支店長Ａは1945年１月に生まれ，東京都内の四年制大学を卒業し，1968年にＡ銀行に入行した。千住支店，下谷（上野）支店，信濃町支店，新宿新都心支店，銀座支店と異動した。1988年１月青葉台支店支店長に，1990年１月大塚支店支店長に就任したが，事件の発覚により，同年８月本店総務部調査役に退いた。同年10月に懲戒解雇処分となっている。支店長Ａに前科はない。

　支店長Ａには愛人がいて，愛人のために1989年マンションを購入し，1990年にはクラブ用店舗を銀座に購入している。

　支店長Ａは，Ａ銀行支店長の地位を利用し，自己及び仕手集団[6]の利益を図るため，青葉台支店長，大塚支店長時代の1988年４月から1990年７月までの間，11回にわたり，Ａ銀行の顧客６人（以下，顧客Ｕ，顧客Ｖ，顧客Ｗ，顧客Ｘ，顧客Ｙ，顧客Ｚとする）から仕手集団代表（以下，仕手Ｄとする）や仕手Ｄとつきあいがあった経営コンサルタント（以下，コンサルタントＣとする），コンサルタントＣとつきあいがあった別の仕手集団代表（以下，仕手Ｅとする）へ総額438億円余に上る融資を媒介した。支店長Ａは，仕手Ｄや仕手Ｅの資金調達に協力する見返りとして仕手株情報や謝礼金を得ることを期待し，支店の顧客に働きかけて，ファイナンス会社（ノンバンク）等から多額の借入れをさせた上，仕手株等を高い掛目で担保にするか，または無担保という借主側に破格に有利な条件で融資させていた。

　支店長Ａは，仕手Ｄや仕手Ｅからの株情報を利用して株取引を行

い利益を得ていた。1988年には株取引で約5,700万円の利益を得ている[7]。また，コンサルタントCや仕手Eから融資媒介の関係で数回にわたり合計9,500万円もの謝礼金を受け取っていた。支店長Aは個人的な利益を目的として，その職業上，出資法違反を行った。支店長Aの犯行は職務犯罪である[8]。

支店長Aは，1990年10月5日に出資法違反で，コンサルタントCとともに逮捕された。また，支店長Aの後任の青葉台支店支店長（以下，支店長Bとする）も支店長Aの融資媒介に関わっていたが，同年10月26日，支店長Bも出資法違反で在宅起訴された。

支店長Aの第一審公判は，東京地方裁判所において1990年12月に始まり，1994年10月17日に東京地方裁判所にて懲役1年6月，執行猶予3年の判決が言い渡された。1996年5月13日に東京高等裁判所は一審を支持し，支店長A側の控訴を棄却した。1999年7月6日に最高裁判所第三小法廷は二審判決を支持し，支店長Aの上告を棄却した。支店長Aの有罪が確定した。支店長Aは，第一審第一回公判（1990年12月19日）では起訴事実を認めたが，第一審第二回公判（1991年2月5日）以降は無罪を主張した。

3節　大手都市銀行行員の職務犯罪における正当化

支店長Aの裁判においては，犯行の正当化がみられる。

支店長Aによる犯行の正当化として「銀行の収益のため」というものがみられる。以下，公判廷における支店長Aの供述をみてみる。

支店長Aの弁護人「仮にリベートの話がなかったとした場合，仕手

	Eに対する融資の斡旋はしていなかった，と言えるんでしょうか」
支店長A	「リベートの話がなくても，斡旋はしていたと思います」
支店長Aの弁護人	「どうしてそう言えるか，簡単に理由だけおっしゃってください」
支店長A	「それは一つには，顧客Xの会社が外貨貸付けで5,000万以上の損を出しておって銀行が迷惑を掛けている，と，しかも，そのことが理由で取引の縮小をしようとしているということで，この取引を維持するために何か儲けさせなければいけないということがあったのが一つと，それから，融資を銀行が仲介することによってファイナンス会社から協力預金9)という形で多額の手数料を得られたり，あるいはファイナンス会社の子会社の取引を自分の店で取り込んでそこに対する金利の高い融資をつけることができるということで，銀行の収益にとってもかなりメリットがあったからです」
裁判長	「今，リベートは動機ではなかったとおっしゃったのは，仕手Eとの関係でおっしゃったんでしょう」
支店長A	「そうです」
裁判長	「仕手Dとの関係では，どうですか」

支店長Ａ 「仕手Ｄとの関係でも，リベートうんぬんというのは，これは当初からあった話ではありませんで，多分，私の気が変わらないように仕手Ｄの方からそういう甘い誘いかけをしてきたんだろうというふうに私は理解しておりまして，それがなければ融資をやらなかったかということになりますと，私はそういうことは関係なく，お客さんに儲けてもらうということと，それから，50億斡旋して10億の個人預金が銀行として稼げるという非常に大きなメリットがありましたので，こっちのほうを主眼においておりましたから，リベートうんぬんということで私の行為を左右することはなかったと思います」[10]

　支店長Ａによれば，彼が勤めていたＡ銀行は1986年に「収益倍増三ヵ年計画」を立てて，都市銀行内での収益トップの座の奪還という一大目標を打ち出しており，彼は融資の斡旋（媒介）や不動産売買の仲介等で収益の目標を達成した，という。このような収益の獲得方法は支店長Ａが勤めていたＡ銀行の各支店長が行っていた，という[11]。

　本件の犯行も，支店長Ａによれば「仕手集団への融資の媒介によって，銀行が収益を獲得するものだった」ということになる。支店長Ａは，自身の犯行を「銀行の収益のため」と正当化している。

　「銀行の収益のため」という言葉は，1987年から1991年にかけて

架空の預金証書を用いて不正融資を行った元富士銀行赤坂支店課長も述べている。

NHK 企業社会プロジェクトによれば，この元課長は不正に融資した先から多額の金銭を受け取り，料亭や高級クラブでの接待を受けていた，という（NHK 企業社会プロジェクト　1991：71）。

前述の NHK 企業社会プロジェクトによれば，元課長は，次のように述べている。「〔1986年6月赤坂支店に〕着任した時，当時の副支店長の僕に対するコメントは『おまえは業績を上げろ』というものでした。支店の管理だとか取りまとめは渉外一課長がやるから，二課長のおまえはとにかく業績を上げてくれよ，と。これをその一課長がいる前ではっきり言われました。『おまえは支店の取りまとめとかそういうのは考えなくていい』これはとてもショックでした。プレッシャーですよ，これは。もっともっと収益を上げなくてはいけないんだ，と。非常に屁理屈に聞こえるかもしれませんけれども，人間というのはそういう心理状態になるもんなんですよ」（NHK 企業社会プロジェクト　1991：45）。

NHK 企業社会プロジェクトによれば，この元課長のいた赤坂支店は驚異的な預金量の伸びに支えられて，1989年度と1990年度の2年間，4期連続で表彰を受けている。元課長の不正融資は，結果として，赤坂支店の業績に大きく貢献していた（NHK 企業社会プロジェクト　1991：60-3）。

4節　銀行業界の業界イデオロギー

以上みてきた「銀行の収益のため」という正当化は，バブル期

（1980年代後半）の銀行業界の業界イデオロギーをよりどころにしている。9章8節で詳しく考察するように，正当化とイデオロギーとの関連は，「イデオロギーは正当化のよりどころとなる」という関連だからである。

筆者は業界イデオロギーを次のように定義する。

〈業界イデオロギーは，各個別業界のメンバー（同業者仲間）が共有しているイデオロギーである〉

銀行員は，自分の仕事に関連した犯罪行為に関して，銀行業界の業界イデオロギーをよりどころにした正当化を行って，銀行業界の同業者仲間からの非難を和らげる。さらに，自分自身も銀行業界に属する者であるから，自分自身の良心の呵責も弱める。

ところで，銀行業界の業界イデオロギーを理解するためには，銀行業界のおかれている実在条件をみる必要がある。なぜならば，業界イデオロギーは，同じ業界のメンバーが市場や法体系，行政のあり方，技術水準等といった実在条件に規定される結果成立するからである。

そこで，終戦からバブル期までの銀行業界が直面した経済的な実在条件（金融市場，金融政策，金融制度）から銀行業界の業界イデオロギーをみていくことにする。

(1) **堅実主義（終戦から高度成長期まで）**

まず，終戦直後をみてみる。

鹿児島によれば，日本経済の戦後の混乱と荒廃は，供給力が絶えず不足気味であり，当時の基幹産業が求める資金需要は著しい規模

に達していた。このため，この状況下に形成された基本的な政策要請は，基幹産業に低利で安定的に資金供給を行う低金利政策の円滑な実施であった。また，資金の供給を図る銀行経営の「健全性」確保を最大目的とした金利規制等の行政規制を伴った（鹿児島　1992：8）。

　岡によれば，高度成長期においても，欧米に比べ資本市場の発達が遅れ，企業の借入依存度が高かった。また，産業育成のために低金利政策が引き続きとられ，恒常的に超過借入需要が発生した。都市銀行の貸出残高の大部分は大企業向け貸出であり，また，貸出残高のほぼ半分を製造業が占めていた。企業の借入需要が供給を上回る状態が恒常的に続いたため，個人預金の吸収力向上が都市銀行の収益の拡大につながった。一方，地方銀行は中小企業向け融資や非製造業向け融資，マネーマーケットを通じた都市銀行への資金供給，大企業への補完融資を行った（岡　1992：178-83）。

　また，上林によれば，預金金利と貸出金利の利ざやは規制によって決められていたから，金融機関の収益は経費をいかに抑えて，金利が低く安定的な預金，すなわち個人顧客からの預金をどれだけ集められるかが大きなポイントであった（上林　1998：27）。

　都市銀行は預金を集め，製造業をはじめとした大企業に融資を行い，一定の利ざやを獲得していた。地方銀行は都市銀行の融資を補完していた。このように，銀行の経営は堅実であった。終戦から高度成長期までの銀行業界の業界イデオロギーの内容は堅実主義である。

⑵ 冒険主義（バブル期）

　1973年の第一次石油危機の後，日本経済は低成長期に入った。低成長期からバブル期（1980年代後半）まで，銀行業界は ① 大企業の銀行離れ，② 金利自由化という厳しい経済的な実在条件にさらされた。

　まず，大企業の銀行離れをみてみる。

　奥村によれば，日本経済は低成長期に入り，大企業の設備投資は減退し，資金需要は低下した。また，資金需要がある場合でも，増資や転換社債，あるいはワラント債等のような証券形態で資金を調達した。大企業という銀行の貸出先がなくなってしまった。そこで都市銀行は中小企業向けの貸出を行った。次に，個人向けにも都市銀行が貸出をするようになり，1980年代になると都市銀行が住宅ローンを個人向けに行った。また，不動産会社やゴルフ場開発会社等への貸出が行われた。さらに株式の買い占め資金等も積極的に貸出していった。住友銀行の磯田一郎頭取が「向こう傷を恐れるな」と，「土地がらみ」や「株がらみ」の貸出にハッパをかけたのは有名な話である。銀行が直接に融資をすることがはばかられる不動産会社向けやサラ金向けの融資等は系列のノンバンクを介して貸出していった（奥村　1998：30-2）。

　岡によれば，中小企業向け融資は，元々，地方銀行の専門分野であったが，都市銀行が中小企業分野へ進出したため，地方銀行も不動産業，ノンバンク，個人向け貸出を増やした（岡　1992：208）。

　次に，金利自由化をみてみる。

　高瀬によれば，石油危機後の不況を克服するため，大量の国債が

発行されて公共投資が拡大された。この大量の国債を消化するため，自由に金利が決まる国債流通市場ができ，この国債流通市場が金利自由化の促進要因となった。また，金融の国際化が進展し，1980年代には資本の自由化が実施され，海外の自由金利を利用した資金の運用調達が活発化した。このことも国内の金利自由化を大きく進展させた。さらに，貿易摩擦解消のねらいで設立された日米円ドル委員会（1984年）において，アメリカが日本の金融自由化を強く要請し，これを受けて，1985年に，MMCや大口定期預金といった自由金利の預金が新たに創設された。預金金利の自由化によって銀行の資金コストは上昇し，預金金利と貸金金利の利ざやが縮小し，収益拡大の点から不動産業向け貸出が積極的に行われた。また，収益確保のため，利幅の大きい中小企業向け貸出や個人向け貸出が重視された（高瀬　1999：88-95，100-6，144-5）。

　上林によれば，預金金利の自由化に対しては，他にも，比較的利回りの高い貸出としてノンバンク向け貸出が増えた（上林　1998：15-7）。

　以上のように，大企業の銀行離れと金利自由化は，銀行の経営を不動産業向け融資やノンバンク向け融資，中小企業向け融資，個人向け融資に向かわせた。これらの融資は，元々，大企業向け融資と比べてリスクが高いものであったが，バブル期（1980年代後半）においては，そのリスクはさらに高かった。

　野口によれば，バブル期，不動産業は銀行から融資を受けて土地を購入したが，その多くは投機目的のものであった。また，バブル期の銀行からノンバンクへの融資の４割は，ノンバンクを介して，

さらに不動産業に融資された（野口　1992：130-6）。

　高瀬によれば，個人向け融資では，バブル期には土地の購入資金用の融資や株式購入資金用の融資が積極的に行われた（高瀬　1999：282）。

　これら投機に関わる不動産業向け融資や株式購入資金用の融資はリスクが高かったが，バブル期の地価と株価の上昇はリスクの高さを補って余りあるほどの収益を銀行にもたらした。このように，銀行はリスクを冒して収益を獲得していた。バブル期の銀行業界の業界イデオロギーの内容は冒険主義である[12]。

　冒険主義は，住友銀行の磯田一郎頭取の「向こう傷を恐れるな」という言葉に表されている。

　NHK 企業社会プロジェクトによれば，バブル期においては，磯田氏が率いる住友銀行の経営は他の銀行の先例であった（NHK 企業社会プロジェクト　1991：36-42）。

　冒険主義であったバブル期の銀行に関して，銀行員の発言をみていく。

　NHK 企業社会プロジェクトによれば，都市銀行の赤坂支店の元行員は，次のように述べている。「金儲けがすべてになりました。収益をあげた者が出世するんです。当然，土地融資が中心になり，誰かがババを引くまで銀行間での融資合戦が続くんです。土地融資で失敗したものは，表沙汰にならず退職していきました。そういう人を何人も知っています」（NHK 企業社会プロジェクト　1991：49）。

　53歳の地方銀行元支店長は，次のように述べている。「バブル以前，本来銀行は，顧客から預かったカネを適正と判断する先に融資

して，その金利で食べていたわけです。それが，金融自由化のかけ声のなか，『収益第一主義』の名のもと，札束をカバンにギューギュー押し込んで走り回り，『借りてくれー！』と叫ぶようになった。（中略）私も大きな案件が回ってくると，『さて，どうやって実行しようか』と，そればかり考えていました。『相手の財務内容をチェックして，場合によっては融資を控えよう』なんて気持ちはこれっぽっちもなかった。（中略）優良な得意先に『カネはいくらでも貸すから』と，保険料一括払いの生命保険の加入，株や土地の購入を勧めたり，ときには手っ取り早く話が進むように，生保マンや証券マンや不動産業者を直接紹介したりとか，ずいぶん強引なこともやっていましたね」（祝　1992：153-6）。

　筆者は，都市銀行に勤めている男性（以下，甲とする）に面接調査を行った。甲は1988年４月から面接時（2001年２月）まで都市銀行に勤めている。甲は，次のように述べた。

甲「バブル期に，不動産関連融資，株取引関連融資，ゴルフ会員権
　　関連融資を積極的に行っていた。それは，顧客のニーズがあり，
　　銀行のニーズがマッチしていたから，そんな悪いことではない
　　と思う」

　筆者は，地方銀行に勤めている男性（以下，乙とする）に面接調査を行った。乙は1982年４月から面接時（2001年２月）まで地方銀行に勤めている。乙は，次のように述べた。

乙「バブル当時，大手都市銀行が土地の購入のための資金を融資し
　たり，株式購入のための資金を融資したり，派手にやっていた。
　うちの銀行はNTT株やゴルフ会員権の購入を勧めて，融資し
　ていた。都市銀行は資金を多く出したので，お客さんの評判が
　よかった。お客さんの中には『ああいう融資の仕方をしては，
　客が潰れちゃうよ』というようなことを言っていた人もいまし
　たけれども。ごく少数ですね，そういうお客さんというのは」

　以上のように，バブル期の銀行業界の業界イデオロギーの内容は
冒険主義であった。冒険主義においては，リスクを冒すことによっ
て収益が追求される。支店長Aの事件においては，支店長Aが仕手
集団への融資を媒介したが，仕手集団は株式投機を行う集団であり，
仕手集団への融資の媒介はリスクが高かった[13]。
　冒険主義を内容とするバブル期の銀行業界の業界イデオロギーは，
支店長Aの「銀行の収益のため」という正当化のよりどころとなる。
　支店長Aの事件に関して，甲と乙は，仕手集団との関係や謝礼金
の特異性を指摘した上で，次のように述べている。

甲「支店長Aのやり方，これはファイナンス会社だけれども，例え
　ば，関連会社を使うなり，いろんな情報を集めて提供してお客
　さんの資金ニーズを作るなりというのは，今でもそうだけど，
　できる営業マンとして評価される人間だよ。それがコンプライ
　アンス上問題があったという部分では，今となっては，こいつ
　は悪い奴だなと思うけど。バブル期当時の認識としては，リス

クやコンプライアンスという部分に対しては管理も甘かったろうし。そういう部分で走っちゃったのかもしれないけど。周りも規制できなかったんだろうけど」

乙「謝礼金をもらうことを抜かすと，支店長Aのやったやり方は，バブルの頃の業績のよい銀行員のやるやり方。預金も増えるし，融資も増えるし」

　甲も乙も，仕手集団との関係や謝礼金を抜かせば，支店長Aによる融資の媒介を，「バブル期の優秀な銀行員が行うやり方」として評価している。

　冒険主義であったバブル期の銀行において，支店長Aは「優秀な銀行員が行うやり方」をエスカレートさせて，仕手集団への融資を媒介し，株情報や謝礼金をもらっていた。その際には，冒険主義を内容とするバブル期の銀行業界の業界イデオロギーをよりどころにした「銀行の収益のため」という正当化を用いたのである。

5節　大手都市銀行行員の職務犯罪における機会

　コールマンは，ホワイトカラー犯罪の必要条件の1つに，犯行の機会を取り上げている。コールマンは，ホワイトカラー犯罪の機会を産業別，組織別，職業別，性別に考察している（Coleman　1994＝1996：288-305）。本書では，生活運行理論（Cohen and Felson 1979；Felson［1994］2002＝2005：39-67）における犯罪の要素の分類を参考にして，支店長Aの犯行の機会を，「相応しい標的が存在

する機会」と「効果的な監視人が欠如する機会」の2つに分けて考察する。

　生活運行理論では，犯罪の要素として，① 動機づけられた犯罪者，② 相応しい標的，③ 効果的な監視人の欠如を取り上げ，人々の日常的な生活行動の変化が相応しい標的の増加と効果的な監視人の欠如の増大をもたらし，窃盗や強盗等の犯罪率が上昇することを実証した。生活運行理論では，高価で持ち運びが容易な家電製品の普及（相応しい標的の増加）によって窃盗が増加し，主婦の労働力化（効果的な監視人の欠如の増大）によって空き巣が増加する等と説明される。この相応しい標的，効果的な監視人の欠如は犯行の機会を示すものである[14]。

(1)　相応しい標的

　支店長Aの犯行においては，顧客U，顧客V等が相応しい標的であった。

　筆者は，事件の現場となった横浜市青葉台の不動産業者に対して面接調査を行った。不動産業者は，次のように述べた。

不動産業者「顧客Uや顧客Vは，一方的に銀行の支店長というものを信用していたと思う。この辺の地主は，銀行の支店長は嘘をつかないというかんじで見ていましたから。それだけステータスがあるところでしたから銀行は。銀行の支店長が言うんなら一口のろうというかんじだと思いますよ」

顧客Uや顧客Vは「銀行の支店長」という地位を信頼しており，この信頼が支店長Aの犯行に対する無防備を生んだ。彼らは支店長Aにとって相応しい標的とされたのである。

(2)　効果的な監視人の欠如

効果的な監視人は犯罪の統制要素である。支店長Aが勤めていたA銀行が効果的な監視人であれば，支店長Aの犯行はなかったかもしれない。

支店長Aは，A銀行の顧客から仕手Dや仕手Eへの融資を媒介した。媒介した11回の融資のうち3回に際しては，その融資資金の一部は，支店長Aが勤めていたA銀行自体からA銀行の顧客らに対して融資したものであった[15]。

これらA銀行自体の融資は，当然，A銀行の審査部がチェックするものである。A銀行の審査部が審査を厳しく行い，融資した資金の行きつく先が仕手集団であると分かっていれば，融資は行われず，また，支店長Aの一連の犯行も露見したかもしれない。

しかし，実際は，A銀行自体の顧客Vへの10億円の融資においては，「バンクライン型融資」が用いられ，A銀行の審査部への融資認可申請の際には，資金使途は「貸店舗入居者へ支払う立退費用である」と記載された。「バンクライン型融資」は，限度額の範囲内ならば詳細な資金使途を報告する必要がない融資であった。また，A銀行自体の顧客Wへの5億円の融資，顧客Xへの10億円の融資においても，A銀行の審査部への融資認可申請の際には，資金使途は株式運用資金であると記載された[16]。A銀行の審査部は，これら

虚偽の融資認可申請をそのまま認めてしまっており，その審査は甘かったといわざるをえない。

　バブル期においては，銀行の融資の審査が甘くなっていたという指摘は多い（湯谷　1992：190；岡　1992：7-8；吉田　1994：116-20, 126-8）。「バンクライン型融資」等は，甘い審査の典型といえるだろう。

　バブル期の銀行の審査に関して，甲は面接において次のように述べている。

甲「現在は，銀行内で銀行の貸付金を査定して，これは不良債権だとか色分けするんだけれども，バブル当時はなかったから，一回入り口の部分でみんながみんな甘く見ていると，結果的に，以後はノーチェックだった。今は色分けするから，後からになっても，何回でも，借入金が残っている限り，チェックが入るから。明らかに事件に関わるような金だとか，返済されない金だとかというのは今はチェックされる」

　以上のような甘い審査をもたらしたのは，バブル期の銀行業界の業界イデオロギーの内容である冒険主義である。冒険主義においては，リスクを冒すことによって収益が追求されるが，審査が厳しくてはリスクを冒すこと等できないので，銀行の融資の審査は甘くなっていった。審査が甘くなれば，将来，不良債権となるような安易な融資も増えるし，支店長Ａの行ったような犯行の露見も困難となる。以上のように，冒険主義のもとでは，銀行が効果的な監視人

になることは難しい。ここに，支店長Aの犯行の機会が存在する。

支店長Aの犯行の機会（銀行が効果的な監視人ではない）は，バブル期の銀行業界の業界イデオロギーから生じており，バブル期の銀行業界特有の機会である。

6節 分 析

本章の目的は，A銀行行員の職務犯罪と正当化，銀行業界の業界イデオロギーとの関連の考察であった。本章において，次のような事柄が明らかになった。

支店長Aの犯行は，「銀行の収益のため」という正当化によって促進された。この正当化は，冒険主義というバブル期の銀行業界の業界イデオロギーをよりどころとした。また，冒険主義は，甘い審査をもたらし，支店長Aの犯行の機会を生んだ。冒険主義は，大企業の銀行離れと金利自由化による不動産業向け融資や株式購入資金用の融資というバブル期の銀行業界の実在条件によってもたらされた。

以上のように，A銀行行員の職務犯罪と銀行業界の業界イデオロギーとの関連が明らかになった。

ベンソンとムーアは，マクロ社会的な過程や経済過程，組織的過程が犯行の動機と機会を生み，自己統制とともに，これら動機と機会がホワイトカラー犯罪に至る道筋を作る，と述べている（Benson and Moore 1992：266-8）。職務犯罪である支店長Aの事件においても，銀行業界が直面した経済的な実在条件が，銀行業界の業界イデオロギー，さらには正当化，機会を媒介にして，犯行と関連していた。

1）出資法第三条は浮貸し等を禁止するもので、「金融機関の役員，職員その他の従業者は，その地位を利用し，自己又は当該金融機関以外の第三者の利益を図るため，金銭の貸付，金銭の貸借の媒介又は債務の保証をしてはならない」と定めている。違反した者には，「三年以下の懲役若しくは三百万円以下の罰金に処し，又はこれを併科する」（出資法第八条）。なお，当事件の判決に関しては，出資法の解釈をめぐって考察が行われている（岩原　1995a，1995b，1995c；芝原1996；上嶌　1997；京藤　1998；齋藤　2000：83-127）。

2）公判廷供述調書は裁判所書記官が作成した供述調書である。筆者は公判廷供述調書を検察庁にて閲覧した。

3）第一審判決文は法律専門誌に掲載されている（判例タイムズ1996：222-47；判例時報　1996：33-56）。第二審判決文も法律専門誌に掲載されている（判例時報　1996：26-33）。

4）上告棄却の決定書は法律専門誌に掲載されている（判例時報1999：155-6）。

5）1990年10月，同年12月，1991年2月，同年3月，1994年4月，同年10月，同年11月，1996年5月，同年10月，1998年4月，同年6月，同年7月，1999年2月，同年7月の朝日新聞，毎日新聞，読売新聞，日本経済新聞。

6）仕手とは，主として投機によって短期的に大きな利益を得ることを目的として株式市場に参加する専門業者のこと。仕手が好んで売買の対象として取上げる銘柄は仕手株と呼ばれて，値動きに荒い傾向がある（武田他　1998：315）。

7）支店長Aは1988年に約1億5,700万円で土地建物を購入したが，そのローンの頭金約4,000万円は株取引による利益から出していた。

8）支店長Aの犯行は，彼が勤めていたA銀行を主体とする犯行ではないことからも，組織体犯罪ではなく職務犯罪である。

9）協力預金とは，取引先の企業が銀行の預金集めに協力して，まと

まった資金を預けること。協力預金の見返りには不動産取引の仲介等がある。普通，協力預金には通知預金のような金利の低い預金が使われる（NHK企業社会プロジェクト　1991：52-6）。

　　支店長Aの犯行においても協力預金には通知預金が使われていた。支店長Aによれば，通知預金の金利は0.5％や1％という低い金利であった。銀行本部には本店勘定レートというものがあり，それよりも安い金利で預金を預かれば，その差額で銀行が儲かる，という仕組みになっていた。ファイナンス会社等から通知預金を預かると，その本店勘定レートとの差額が銀行の収益となった，という。1991年3月12日支店長A第一審第三回公判の公判廷供述調書より。

10）以上，1991年4月3日支店長A第一審第五回公判の公判廷供述調書に基づく。

　　なお，支店長Aは，後に，第一審第四十一回公判（1993年9月14日）で，仕手Dからの甘い誘いかけは，仕手Dが支配する一部上場会社の役員に誘われたことだった，と述べている。1993年9月14日支店長A第一審第四十一回公判の公判廷供述調書より。

11）1991年3月12日支店長A第一審第三回公判の公判廷供述調書より。

12）奥村は，住友銀行は1985年以降のカネ余り時代を境に効率主義プラス堅実主義から効率主義プラス冒険主義に転換した，と考察している。また，冒険主義は他の銀行にもあてはまる，と指摘している（奥村1993a：127-41）。筆者の堅実主義，冒険主義という言葉は奥村を参考にした。ただし，現役の銀行員との面接や銀行業界に関する文献をみるかぎり，堅実主義，冒険主義は住友銀行に限らず銀行業界全体にみられる。

13）仕手集団への融資の媒介のリスクとは，仕手集団が株式取引で失敗した場合，仕手集団への融資を斡旋した責任を問われるというリスクである。

14）生活運行理論は，犯行の機会を生活行動の変化というマクロ的な分析枠組で考察しており（藤本・朴　1994），犯行の機会の社会学的考

察を行う上で参考になる。また，窃盗理論としての生活運行理論は，窃盗の機会が合法的日常生活の運行パターンの中に内包されているとする理論であり（西村　1986），合法的な職業上犯される職務犯罪の考察においては，生活運行理論は参考になる。さらに，生活運行理論においては，犯罪者が監視の欠如した相応しい標的を選択するという合理的な犯罪行動を前提としており（Miethe et al.　1987），激情的な犯罪ではない支店長Aの犯行の考察においては，生活運行理論は特に参考になる。ただし，本書では，生活運行理論を全面的に理論的枠組として用いるわけではなく，生活運行理論における既述の2つの犯罪の要素（相応しい標的，効果的な監視人の欠如）を考察枠組として用いるものである。

15）支店長A第一審判決文より。
16）支店長A第一審判決文より。

第3章

大手証券会社社員の職務犯罪

1節　大手証券会社社員の職務犯罪に関して

　本章では，大手証券会社（以下，A証券会社）社員の職務犯罪を考察する。その際に，証券業界の業界イデオロギーに注目する。本章の目的は，A証券会社社員の職務犯罪と正当化，証券業界の業界イデオロギーとの関連の考察である。

　本章では，まず，裁判の傍聴記録と事件のあらましをみる。次に，A証券会社社員の職務犯罪における正当化をみる。さらに，正当化のよりどころである証券業界の業界イデオロギーを考察する。そして，A証券会社社員の職務犯罪における機会を考察する。最後に，分析を行う。

　なお，本章における法律や規則等は事件当時の法律や規則等である。

2節　裁判の傍聴記録と事件のあらまし

　本章においては，筆者自らが書き取った裁判の傍聴記録，担当弁護士との面接，元および現役の証券会社社員との面接[1]，新聞[2]，証券業界に関する文献，公判廷供述調書，警察官面前調書，判決

文3) を資料として用いる。

筆者が傍聴した裁判は，元Ａ証券会社新宿支店営業第三課長（以下，課長Ａとする）の裁判である。課長Ａの第一審公判は，東京地方裁判所において1997年3月から同年6月まで合計4回行われた。同年8月8日に東京地方裁判所にて懲役7年の判決が言い渡された。課長Ａは控訴しなかった。

筆者が傍聴した裁判や新聞での報道から分かった課長Ａの事件の概略は次の通りである。

課長Ａは，1962年2月に生まれ，東京都内の四年制大学を卒業し，1984年4月にＡ証券会社に入社した。静岡支店，仙台支店，本社（東京），新宿支店，新潟支店と異動した。1996年7月にＡ証券会社を解雇になっている。家族は妻と息子1人である。課長Ａに前科はない。

課長Ａの営業成績は優秀であった。部下は，彼のポケットマネーで札幌や沖縄に複数回連れていってもらっていた。高級外車を所有し，愛人も複数いた。

課長ＡはＡ証券会社に入社し，静岡支店に配属となり，そこで，大手製紙会社子会社役員（以下，役員Ｂとする）と知り合った。課長Ａは，1985年から役員Ｂと頻繁に取引するようになった。役員Ｂは会社の金銭を着服して，課長Ａに渡していた。課長Ａは，役員Ｂが会社の金銭を横領していると知りつつ，その金銭で株の取引をしていた。1991年7月には，役員Ｂが自己の着服を課長Ａに告白したが，課長Ａは横領を役員Ｂに指示して，役員Ｂが横領した金銭で株の取引をしたり，自動車を購入したり等していた。課長Ａは役員Ｂ

に無断で株の売買をし，さらに自動車を購入する等しており，役員Bは課長Aに騙されていたのである。

　課長Aは1993年7月から1994年8月にかけて，役員Bの着服した約3億4,000万円を，1億5,000万円を借名口座4)で運用し，1億1,000万円を仕手株5)に投じて，残り8,000万円を高級クラブでの飲食や外車購入費等に充てていたという（毎日新聞1996年12月6日夕刊より）。

　課長Aは，さらに，1996年2月末から同年3月にかけて，架空の株の取引話を新宿支店の部下3人（以下，部下C，部下D，部下Eとする）にして，部下の顧客2人から8,920万円を騙し取った。また，1996年3月に，仙台支店時代の知り合い2人にも架空の株の取引話を持ち掛けて840万円を騙し取った。合計約1億円を騙し取った。

　騙し取った金銭約1億円のうち，役員Bが横領した金銭の補填に5,900万円を使い，残りは以前騙していた顧客への返済，遊興費に使っていた。

　課長Aは1996年12月6日に業務上横領で，役員Bとともに逮捕された。1997年2月12日には詐欺で再逮捕された。この時，部下C，部下D，部下Eも詐欺の共犯で逮捕されている。

　課長Aは，役員Bが横領した金銭を借名口座に入れており，この借名口座は，課長Aが勤めていたA証券会社で開設されていた。課長Aは，役員Bの横領した金銭を借名口座に入れ，株の取引をすることによって，営業成績を上げていた。課長Aは優秀な営業成績によって30歳で課長になっている。また，役員Bが横領した金銭の一部は，課長Aの遊興費や自動車購入費等に使われている。課長Aは

営業成績の向上（地位の向上）や遊興費，自動車購入費の捻出等といった個人的利益を目的として，その職業上，業務上横領の共犯や詐欺といった犯行を行った。課長Ａの犯行は職務犯罪である[6]。

3節　大手証券会社社員の職務犯罪における正当化

　課長Ａの裁判において，犯行の正当化がみられる。

　筆者が傍聴した裁判において，課長Ａによる犯行の正当化として「ノルマの達成のため」というものがみられる。以下，被告人質問における課長Ａの供述をみてみる[7]。

課長Ａの弁護人「被告人が1991年7月本社へ戻った後も，役員Ｂさんが大手製紙会社子会社から引いてきたお金を自分の借名口座へ入れていたのは，被告人の成績のためですか」

課長Ａ　　　　「はい」

課長Ａの弁護人「被告人の新宿支店でのノルマは厳しかったですか」

課長Ａ　　　　「厳しかったです。ノルマは，一日の株の売買代金が1億円から2億円で，月々の商品の販売額が5,000万円から6,000万円くらいです」

課長Ａの弁護人「被告人には，ノルマは達成したいという気持ちや，負け犬にはなりたくないという気持ちがありましたか」

課長Ａ　　　　「はい」

検察官	「被告人が人を騙し続けたのは，ノルマの達成のためですか」
課長A	「はい」
検察官	「しかし，被告人は遊興費にも大分お金を使いましたね」
課長A	「はい」
検察官	「実際には遊興費のお金欲しさにやったことではないのですか」
課長A	「いいえ，役員Bさんの損を取り戻そうとしてやったのです」
検察官	「役員Bさんのお金を投資に使わず，遊興費に使っていますね」
課長A	「そういう部分もありました」
裁判官	「新宿支店に移ってから役員Bを騙してお金を出させていますね。どうしてそのようなことをしたのですか」
課長A	「ノルマのためです」
裁判官	「ノルマのためだけですか。被告人は派手な生活をするための遊興費が欲しかったのではありませんか」
課長A	「ないとは言えません」[8]

　課長Aは，警察官の取り調べに対しても，「1994年8月17日から

同年8月23日にかけて，役員Bが横領した資金696万円を，私の個人口座に振込送金させたのち役員Bには無断で，私の営業実績の向上と支店の目標達成に繋げるために，私が使っていた借名口座や相乗り口座9) を使って信用取引10) の保証金の支払いや株の買付代金等の支払い及び私個人の愛人との遊興費等に流用した」と供述している11)。

　筆者は，課長Aの担当弁護士に面接調査を行った。担当弁護士によれば，公判が始まる前の接見の段階から，課長Aは自身の犯行を「ノルマの達成のために行った」と言っていたという。

　課長Aは，役員Bが横領した金銭を借名口座に入れ，株の取引をすることによって，営業成績を上げていた。こうしたことから，課長Aは，自身の犯行を「ノルマの達成のため」と正当化している。

　「ノルマの達成のため」という正当化は，証券会社社員の無断売買においても用いられる。「無断売買」とは「顧客の同意を得ずに，当該顧客の計算により有価証券の売買その他の取引等を行うこと」である（日本証券業協会　1997a：212）。無断売買は，自主規制機関である日本証券業協会の公正慣習規則第8号における禁止行為である。

　無断売買は，筆者が行った元および現役の証券会社社員に対する面接調査や証券業界に関する文献をみるかぎり，特定の1つの会社を超えて，証券業界全体にみられる。証券業界では無断売買を「ダマテン」と呼んでいる。株等を黙って転売することの略でダマテンである。

　古橋によれば，30歳の元大手証券会社営業マンは次のように言っ

ている。「ノルマに追われてついつい『黙テン』とかやっちゃう。お客さんの株を，黙って勝手に売り買いしちゃうんです。株を売り買いすれば，数日後には必ずお客さんに売買報告書が送られます。黙って勝手に売り買いして，それでも儲かっていればなんとでも言えるでしょうが，大きく損でも出そうもんなら，終わりですよね」（古橋　1992：62）。

　青木によれば，野村證券のベテランセールスマンは次のように言っている。「野村證券はトルコ風呂と同じですよ。（中略）うちは〔売春を〕やっていない，やったとすれば女の子だという。野村もやらせていないといっているけども，ダマテンもやらざるをえないノルマを押し付けている」（青木　1988：27）。

　筆者は，大手証券会社にかつて勤めていた男性（以下，丙とする）に面接調査を行った。丙は1992年4月から半年間大手証券会社に勤めていた。丙によれば，同期入社の者が入社2年目に無断売買を行った，という。

筆者「2年目の人で無断売買をやっていたというんですけれども，ノルマのためにやるんですか」

丙　「ええ，そうですね，もちろん」

筆者「ダマテンをノルマのためにやると」

丙　「ええ。逆にノルマとかあんまないと人はやんなく〔働かなく〕なっちゃうから。公務員とかがいい例で」

　筆者は，大手証券会社にかつて勤めていた女性（以下，丁とする）

に面接調査を行った。丁は1994年4月から3年弱大手証券会社に勤めていた。丁は，面接の前に筆者に手紙をくれた。以下，この手紙の一部を紹介する。

「課せられた数字をこなすためには，頑張って色々なお客にあたりますがそれでもできないときは，何でもOKと言ってくれる人に電話することになってしまうのです。ノルマも，どれでもいい訳ではなく，この商品をいくら，あの商品をいくらと決まってます。そうなってくると，すすめにくい商品はそういうお客に買ってもらうことになります。というか，なってしまいます，悪いと思っても。

特に男の人が担当するお客は金を持っていてかつ好きなようにしていいという人もいます。信用なくしたら終わりですけど通常であれば，お客のOKを得てお金を運用しますが事後報告でもいいという人もいます。

お客の金をだまって運用したという裁判は少なくはないです。裁判ざたにならないけれども，問題になってお客を全て取り上げられる営業マンもいます。結局，その日その日の手数料にこだわる会社サイドの問題ではないかと思います。営業マンには会社のために株を回転売買[12] する人もいるのです。お客は軽視されてますね，うごく［頻繁に売買する］客ほどいい客ですから」

証券会社社員は，無断売買に際して，「ノルマの達成のため」という正当化を用いる。

課長Ａも当初は，他の証券会社社員と同じように，「ノルマの達

成のため」と正当化して，無断売買を行うというレベルであった[13]。課長Aは，この「ノルマの達成のため」という正当化を業務上横領の共犯にまで適用したのである。

4節　証券業界の業界イデオロギー

　以上みてきた「ノルマの達成のため」という正当化は，証券業界の業界イデオロギーをよりどころにしている。なぜならば，「ノルマの達成のため」と正当化される無断売買は，特定の１つの会社を超えて，証券業界全体にみられる行為だからである。また，９章８節で詳しく考察するように，正当化とイデオロギーとの関連は，「イデオロギーは正当化のよりどころとなる」という関連だからである。

　証券会社社員は，自分の仕事に関連した犯罪行為や無断売買に関して，証券業界の業界イデオロギーをよりどころにした正当化を行って，証券業界の同業者仲間からの非難を和らげる。さらに，自分自身も証券業界に属する者であるから，自分自身の良心の呵責も弱める。

⑴　証券業界の実在条件

　「ノルマの達成のため」という正当化のよりどころである証券業界の業界イデオロギーを理解するためには，証券業界の実在条件をみる必要がある。業界イデオロギーは，同じ業界のメンバーが市場や法体系，行政のあり方，技術水準等といった実在条件に規定される結果成立する。

証券業界の実在条件としては，まず，証券市場があげられる。証券市場は，証券の「発行市場」と「流通市場」に分類される。証券会社は発行市場において「引受業務」と「売捌業務」を行い，新規発行の証券を投資家に売る。また，証券会社は流通市場において「自己売買業務」（自己の計算による売買）と「委託売買業務」（顧客の計算による委託売買）を行い，既に発行された証券を自身が売買したり，顧客に代わって売買する。

　日本の証券市場をみると，証券恐慌の後，バブル絶頂期まで，途中数回の下落はあったが，長期的にみると株価は上昇し続けてきた。証券恐慌時の1965年，平均株価は約1,000円まで下がった。その後，平均株価は上昇し，1984年には1万円台となり，バブル絶頂期の1989年には4万円近くまでになった。その間証券市場は拡大し，証券会社の業績は上がり，「株価の右肩上がり神話」が生じた。

　株価が上昇している市場動向では，委託売買業務における，委託手数料稼ぎの回転売買が可能になる。

　奥村によれば，回転売買を行うことによって営業マンは手数料獲得のノルマが達成でき，証券会社も手数料収入が増える。顧客も短期の回転売買によって手数料を沢山取られても，株価が上がっているならば儲かることから文句は言わない（奥村　1992：167-8）。

　奥村や二上によれば，個人顧客に対する回転売買は，証券恐慌後の証券会社の営業の特徴である（奥村　1986：215-6，218-9；二上　1990：122-3，132）。

　次に，証券業界の実在条件として法をみてみる。証券取引法では，証券会社は先ほどみた4つの業務に応じた免許を持って，同時にこ

れらの業務を行うことができる（証券取引法第二十八条）。

日本証券業協会によれば，日本の証券会社の大半は，4つの業務に応じた免許を持っていた（日本証券業協会　1997b：2）。証券会社が委託売買業務と引受業務を兼営することから次のようなことが生じる。

鎌田によれば，証券会社は，引受けで有利な立場になるように，ある特定の株について戦略的に株高を演出することがある。このために，その特定の株を顧客にはめ込む（鎌田　1986：334）。

また，杉村によれば，大手証券会社や一部準大手証券会社は引受けの際の幹事会社になることが多く，その分，営業マンの売り出し活動が大変になる。引受業務は株価急落時においても活発に行われ，営業マンは，ノルマ達成のため顧客に無理に買わせる事態になった（杉村　1996：128-32）。

証券会社が委託売買業務と自己売買業務を兼営することから次のようなことも生じてくる。

奥村によれば，証券会社が自己売買部門で持っている手持ちの株を売りたいがために，「○○株は有望だから買いなさい」と言って顧客に買わせる可能性が出てくる（奥村　1992：147-8）。

日本経済新聞社によれば，1980年代後半野村證券では，自己売買部門が前日の取引終了間際に大量の特定銘柄の株を買い，翌朝全国の支店が売るという「仕切り売買」を行っていた（日本経済新聞社　1991：128）。

個人顧客は，長期にわたる株価の上昇のもと，営業マンの口車に乗せられて株を短期間に売買させられたり（回転売買），また，証

券会社の引受業務や自己売買業務のために利用され，特定銘柄の株を買わされる。個人顧客は証券会社にとって「いいカモ」として存在するのである。証券業界の業界イデオロギーの内容は個人顧客蔑視主義である。

証券取引法第百三十一条を法的根拠として，株式の委託手数料については証券取引所が料率を決めていて，固定手数料制であった（奥村　1992：144-6, 364-7）。

また，大蔵省は自己売買業務に対して規制を行っていた。各証券会社について手持ちの株式や債券の額を資産に対して一定の比率以下にせよと指導していた。自己売買部門が膨れすぎると，証券会社の経営が不安定になるからである（奥村　1992：148-9）。

法的根拠をもった委託手数料の固定，行政による自己売買業務の規制のため，証券会社の最も重要な収入源は委託売買業務となる。それゆえ，証券業界では顧客への営業が重視されることとなる。こうして，証券業界の業界イデオロギーのもう1つの内容として営業重視主義が登場する。

(2) 個人顧客蔑視主義と営業重視主義

証券業界において，個人顧客が「いいカモ」とみなされ，蔑視されていることを表す言葉として「客が死ぬ」という言葉がある。

ある証券会社の34歳の男性セールスマンへのインタビューによると，顧客が損が大きすぎて株の取引を止めることを「客が痛んでる」，「客が死ぬ」という（鎌田　1986：331）。

青木によれば，野村證券の勤続20余年のセールスマンも，何もか

もなくなった客のことを「死んだ」と言っている（青木　1988：39-40）。

　筆者は面接において，「客が死ぬ」という言葉が証券業界にあるかどうかたずねたところ，丙も丁も「ある」と答えた。

　また，青木によれば，野村證券のセールスマンたちの間では，主婦等小口の大衆投資家のことを「千株単位の客」，「ゴミの客」等と呼ぶ，という（青木　1988：37）。

　筆者は，準大手証券会社に勤めている男性（以下，戊とする）に面接調査を行った。戊は1997年4月から面接時（1997年10月）まで準大手証券会社に勤めている。戊は次のように述べた。

戊「僕は営業課長で結構好きな人とかいるんですけど。いかにも証
　　券マンて雰囲気持っているんですよ。『おまえらビビっちゃダ
　　メだ。客なんか全員何も知らねえド素人だ。見下していいんだ
　　よあんなの。客になめられたらいかんぞ，何も知らないド素人
　　なんだから』って」

　個人顧客蔑視主義と営業重視主義を内容とする証券業界の業界イデオロギーは，無断売買の際の「ノルマの達成のため」という正当化のよりどころとなる。課長Aは「ノルマの達成のため」という正当化を業務上横領の共犯にまで適用したのである。

5節　大手証券会社社員の職務犯罪における機会

　本節では，課長Aの犯行の機会を，2章5節で取り上げた生活運

行理論における犯罪の要素の分類を参考にして，課長Aの犯行の機会を，「相応しい標的が存在する機会」と「効果的な監視人が欠如する機会」の2つに分けて考察する。

(1) 相応しい標的

　課長Aの犯行においては，役員Bが相応しい標的であった。

　役員Bは課長Aを信頼していた。役員Bは，ある大手証券会社（課長Aの勤めていたA証券会社とは別の証券会社）で無断売買をされて損を出してしまった後，課長Aと知り合った。役員Bにとって，課長Aは「救世主のように思えた」という[14]。課長Aは1986年にNTT株を役員Bに勧め，役員Bが勤めていた大手製紙会社子会社はNTT株で利益を得た[15]。

　課長Aは「救世主」として，役員Bの信頼を受けていた。

　ガルブレイスによれば，バブルの時に，投資する大衆が「金融の天才」の虜になってしまうのは，「金融の天才」による金融操作が大がかりなことと，巨額の金銭を動かす人の頭脳は偉大であると信じ込むことによる（Galbraith　1990＝1991：36-7）。

　役員Bは「救世主」である課長Aを信じた。役員Bにとって，課長Aは巨額の金銭を動かして，利益を生み出す「金融の天才」であった。

　役員Bは課長Aを信頼しており，この信頼が課長Aの犯行に対する無防備を生んだ。役員Bは課長Aにとって相応しい標的とされたのである。

⑵　効果的な監視人の欠如

　効果的な監視人は犯罪の統制要素である。課長Ａが勤めていたＡ証券会社が効果的な監視人であれば，課長Ａの犯行はなかったかもしれない。

　課長Ａは，役員Ｂが横領した金銭を借名口座に入れ，株の取引をすることによって，営業成績を上げていた。課長Ａは優秀な営業成績にあぐらをかき，派手な服装をし，勤務中に居眠りをしていた。

　筆者は，課長Ａによる詐欺事件の共犯として逮捕された部下Ｃの裁判も傍聴した。被告人質問において，部下Ｃの弁護人が，課長Ａが派手な服装をしていたことに関して質問をしたところ，部下Ｃは「うちの会社では，成績を上げることがルールですから」と供述した。さらに，「勤務中に課長Ａが居眠りをしてても，支店長は見逃していた。居眠りはしょっちゅうだった」と供述した[16]。

　面接において，丙は，営業成績の優秀な営業マンに対しては，「周囲の人が，彼の言動に口を出さない」と述べている。戊は，営業成績の優秀な営業マンであると，「その人の営業任せで，他の人からは何をやっているのかわからなくなる」と述べている。

　証券業界の業界イデオロギーの内容は，個人顧客蔑視主義と営業重視主義である。証券会社においては，営業成績が優秀な営業マンであれば，その人がどのような営業をしているか等関係ない。個人顧客を食い物にしていても関係ないのである。成績優秀な営業マンに対して，証券会社は杜撰な管理を行う。証券会社は効果的な監視人ではない。ここに，課長Ａの犯行の機会が存在する。

　課長Ａの犯行の機会（Ａ証券会社が効果的な監視人ではない）は，

証券業界の業界イデオロギーから生じており，証券業界特有の機会である。

本章の目的は，Ａ証券会社社員の職務犯罪と正当化，証券業界の業界イデオロギーとの関連の考察であった。本章において，次のような事柄が明らかになった。

課長Ａの犯行は，「ノルマの達成のため」という正当化によって促進された。この正当化は証券業界の業界イデオロギーである個人顧客蔑視主義と営業重視主義をよりどころとした。また，個人顧客蔑視主義と営業重視主義は，営業成績優秀な社員に対する杜撰な管理をもたらし，課長Ａの犯行の機会を生んだ。個人顧客蔑視主義と営業重視主義は，証券市場や法，規制という証券業界の実在条件によってもたらされた。

すなわち，証券業界の業界イデオロギーは，正当化を通して，自他からの制裁という犯罪の統制要素を弱めていた。また，営業成績優秀な社員に対する杜撰な管理を通して，効果的な監視人という犯罪の統制要素をなくしていた。

以上のように，Ａ証券会社社員の職務犯罪と正当化，証券業界の業界イデオロギーとの関連が明らかになった。

注─────────────────────────
１）被面接者はそれぞれ異なる証券会社に勤めていた，もしくは勤めて

いる。

2 ）1996年11月，同年12月，1997年 2 月，同年 3 月，同年 8 月の朝日新聞，毎日新聞，読売新聞，日本経済新聞。

3 ）公判廷供述調書は裁判所書記官が作成した供述調書，警察官面前調書は警察官が作成した供述調書である。筆者は公判廷供述調書，警察官面前調書，判決文を検察庁にて閲覧した。

4 ）本人以外の人の名義を借りて開設する口座。この口座を使っての取引は，自主規制機関である日本証券業協会の公正慣習規則第 8 号における禁止行為である（日本証券業協会　1997a：213）。

5 ）「仕手」（主として投機によって短期的に大きな利益を得ることを目的として株式市場に参加する専門業者）が好んで売買の対象として取り上げる銘柄のこと（武田他　1998：315）。

6 ）課長Ａの犯行は課長Ａが勤めていたＡ証券会社を主体とする犯行ではないことからも，課長Ａの犯行は組織体犯罪ではなく職務犯罪である。

7 ）1997年 5 月14日課長Ａ第一審公判の公判廷供述調書に基づく。

8 ）裁判官は，課長Ａが「営業員として業績を上げるために，役員Ｂとの関係を断ち切れなかったという事情」を認め，この事情を考慮に入れて刑の量定を行っている。課長Ａ第一審判決文より。

9 ）顧客との共同計算による取引（証券会社社員が顧客と損益を共にすることを約束して，実行する取引）を行う口座。顧客との共同計算による取引は，日本証券業協会の公正慣習規則第 8 号における禁止行為である（日本証券業協会　1997a：213）。

10）顧客が証券（株式）取引を行うにあたり，証券会社がその取引に必要な資金または株券を貸付けて行わせる取引のこと（武田他　1998：368）。

11）1996年12月19日取り調べの警察官面前調書に基づく。

12）奥村によれば，回転売買とは，参考銘柄という形で顧客に株をすすめた後，顧客に買わせた株を短期間に売らせ，また別の株を買わせる

こと。回転売買によって，営業マンは手数料収入のノルマを達成し，証券会社の収益は増える（奥村　1992：167）。

13) 1997年5月14日課長A第一審公判の公判廷供述調書，1996年12月21日取り調べの警察官面前調書より。

14) 1997年4月30日役員B第一審公判の公判廷供述調書より。役員Bの第一審公判は東京地方裁判所において行われた。役員Bは控訴しなかった。筆者は役員Bの裁判も傍聴した。

15) 1997年5月14日課長A第一審公判の公判廷供述調書より。

16) 1998年3月31日部下C第一審公判より。部下Cの第一審公判は東京地方裁判所において行われた。

第 4 章

大手製紙会社会長の職務犯罪

1 節　大手製紙会社会長の職務犯罪に関して

　本章では，大手製紙会社（以下，Ａ製紙会社）会長の職務犯罪を
考察する。Ａ製紙会社会長（以下，会長Ａとする）の特別背任の事
件を事例として取り上げる。その際に，Ａ製紙会社のイデオロギー
に注目する。本章の目的は，Ａ製紙会社会長である会長Ａの職務犯
罪と正当化，Ａ製紙会社のイデオロギーとの関連の考察である。

　本章では，まず，事件のあらましをみる。次に，会長Ａにおける
正当化をみる。また，正当化のよりどころであるＡ製紙会社のイデ
オロギーを考察する。そして，Ａ製紙会社のイデオロギーをもたら
したＡ製紙会社の実在条件を考察する。続けて，会長Ａの職務犯罪
における機会を考察する。さらに，Ａ製紙会社のイデオロギーに含
まれていた強い意志を考察する。最後に，分析を行う。

　本章では，新聞[1]や他の研究者等が著した文献[2]を資料として
用いる。

2 節　事件のあらまし

樋口によれば，創業家の三代目である会長Ａは，2007年に42歳と

いう若さで代表取締役社長に就任し，2011年6月からは代表取締役会長の地位にあった（樋口　2015：117）。

　会長Aは2011年11月21日A製紙会社から特別背任の疑いで東京地方検察庁特別捜査部に刑事告発された。その当時，会長Aは47歳だった（朝日新聞2011年11月22日朝刊より）。

　2011年11月22日東京地方検察庁特別捜査部は会長Aを特別背任容疑で逮捕した（朝日新聞2011年11月22日夕刊より）。

　2011年12月13日東京地方検察庁特別捜査部は会長Aを特別背任容疑で再逮捕した（朝日新聞2011年12月14日朝刊より）。

　東京地方裁判所の判決から分かった会長Aの事件の概略は次の通りである。

　2012年10月10日の東京地方裁判所の判決によると，海外のカジノでのバカラ賭博で負けを繰り返した会長Aは，代表取締役を務めていた連結子会社計7社から取締役会の承認を得ずに2011年3～9月，計55億3000万円を借りて損害を与えた（朝日新聞2012年10月10日夕刊より）。

　会長Aは海外のカジノでのバカラ賭博で負けを繰り返したため，A製紙会社の連結子会社から取締役会の承認を得ずに借金をした。会長Aは，個人的な利益を目的として，その職業上，特別背任を犯した。会長Aの犯行は職務犯罪である[3]。

　会長Aは自身がA製紙会社の会長という職業に従事していたからこそ，A製紙会社の連結子会社から取締役会の承認を得ずに借金をすることができた。この点でも，会長Aの犯行は，その職業上犯した犯罪ということから，職務犯罪である。

なお，会長Aの犯行は経営者による犯行であることから，ホワイトカラーを管理職，専門職，技術職，事務職，販売職とみなす労働社会学の観点から，会長Aの犯行を「ホワイトカラー」犯罪とするのに異議を唱える研究者もいる。しかし，ホワイトカラー犯罪の研究が活発なアメリカでは，経営者の犯罪もホワイトカラー犯罪に含まれる。ホワイトカラー犯罪という場合の「ホワイトカラー」は，労働社会学の観点とは異なり，より広い，より多くの内容を含む。従って，会長Aの犯行はホワイトカラー犯罪であり，ホワイトカラー犯罪の下位概念である職務犯罪である。

　2012年10月10日東京地方裁判所は会長Aに対し懲役4年の実刑判決を言い渡した（朝日新聞2012年10月10日夕刊より）。

　2013年2月28日東京高等裁判所は会長Aを懲役4年の実刑とした一審・東京地方裁判所判決を支持し，被告側の控訴を棄却した（朝日新聞2013年3月1日朝刊より）。

　最高裁判所第三小法廷は2013年6月26日付の決定で被告の上告を棄却した。会長Aを懲役4年の実刑とした一，二審判決が確定することになった（朝日新聞2013年6月28日朝刊より）。

　会長Aは海外のカジノでのバカラ賭博にのめり込んでいった。会長Aはカイヨワが遊びの一種として論じるところのアレア（運）にのめり込んでいった。

　カイヨワは，アレアに関して次のように論じている。

　「アレア（alea）―これはラテン語でさいころ遊びを意味する。（中略）ここでは，相手に勝つよりも運命に勝つことの方がはるかに問題なのだ。言いかえれば，運命こそ勝利を作り出す唯一の存在

であり，相手のある場合には，勝利は敗者より運に恵まれていたというだけのことだ。この範疇の遊びの典型的な例はさいころ，ルーレット，裏か表か，バカラ，富くじなどである。ここでは，人間は偶然の不公平を除去しようとしない。それどころか，偶然の気紛れそのものが，遊びの唯一の原動力になっているのだ」（Caillois [1958] 1967＝1990：50）。

カイヨワによれば，バカラはアレアの典型的な例である。会長Ａは，仕事を忘れて，バカラというアレア，バカラという遊びにのめり込んでいった。

3節　大手製紙会社会長の職務犯罪における正当化

本書では，ホワイトカラー犯罪を行う者の犯行の正当化に注目している。本章でも，会長Ａによる犯行の正当化に注目する。

新聞で報道された，裁判における被告人質問での会長Ａの語りから，会長Ａによる犯行の正当化をみてみる。

2012年7月18日東京地方裁判所であった被告人質問において，会長Ａは，カジノのため関連会社から巨額の借入れを続けた理由に関して，「カジノでの負けを取り返さないといけないと思い，深みにはまった。馬鹿げた話だが，ツキがあれば何とかなると思っていた」と語った。また，会長Ａは，「切羽詰まった気持ちで，返したいと思っていた。リスクが高いだけ，リターンも高いと思っていた」と語った（朝日新聞2012年7月19日朝刊より）。

以上みてきたように，会長Ａは自身の犯行に対して「ツキがあれば何とかなると思っていた」と身勝手な正当化を行っている。この

身勝手な正当化は，国家の刑罰や社会からの非難等を和らげるものではないが，会長Ａの良心の呵責を和らげるものである。

　会長Ａは創業家の三代目であるが故に，Ａ製紙会社という大企業の会長にまでなった人物であり，順調に人生を送り，出世の階段を上がって，大企業の会長にまで昇りつめた人物である。大企業の会長にまでなった人物が，犯罪を犯す場合，自身の良心の呵責を和らげるために正当化を行うことは十分考えられることである。

　会長Ａの犯行において，会長Ａによる犯行の正当化が生じた正確な時期は資料からは分からないが，会長Ａは大学を卒業してから長年会社員として非合法的な世界や集団から離れて働いてきたことから，正当化が生じた時期は犯行の直前であると筆者は考える。

4節　大手製紙会社のイデオロギー

　以上みてきた「ツキがあれば何とかなると思っていた」という会長Ａの身勝手な正当化は，8章2節でみる，サイクスとマッツアが中和の技術の1つとして取り上げた「危害の否定」（「自動車を盗んだのではない。ちょっと借りただけだ」）や，スコットとライマンが正当化の1つとして取り上げた「危害の否定」に該当する。しかし，会長Ａの身勝手な正当化をより深く考察し，この身勝手な正当化の深層や本質を明らかにするためには，単に「危害の否定」として捉えるのではなく，この身勝手な正当化のよりどころを探求しなければならない。

　結論的なことを先に述べれば，「ツキがあれば何とかなると思っていた」という会長Ａの身勝手な正当化は，ワンマン主義というＡ

製紙会社のイデオロギーをよりどころとしていた。

　2012年5月22日東京地方裁判所の公判で，会長Aに金を貸したA製紙会社の関連会社の元役員たちは次のように証言した。最初に証言した元役員は「前会長〔会長A〕の指示は絶対で，左遷が怖かった。妻子ある身として普通に会社に勤め続けたかった」と証言した。別の元役員は「先輩の中には冷遇されて，退職に追い込まれた人も何人かいた」と証言した（朝日新聞2012年5月23日朝刊より）。

　以上みてきたように，A製紙会社において，会長Aは絶対的な存在で，歯向かう者はおらず，A製紙会社のイデオロギーはワンマン主義であった。

　なお，筆者はワンマン主義を次のように定義する。

〈ワンマン主義とは，会社の経営者が独善的に振る舞い，そのような経営者に対して会社の従業員が従属するイデオロギーである〉

5節　創業家による大手製紙会社の支配

　次に，ワンマン主義というA製紙会社のイデオロギーを理解するために，A製紙会社の実在条件をみてみる。A製紙会社の実在条件として，創業家によるA製紙会社の支配があげられる。

　樋口によれば，A製紙会社は，1943年に会長Aの祖父が創業した。二代目は会長Aの父（以下，元会長Bとする）である。元会長Bは1987年にA製紙会社の代表取締役社長となり，1995年にA製紙会社の会長に就任した。元会長Bは1999年に会長職を辞任した後も，A製紙会社の最高顧問として引き続き経営に関与していた。会長Aの弟（以下，取締役Cとする）も，2007年にA製紙会社の常務取締役

に就任し，2011年6月からは取締役を務めていた（樋口　2015：117-20，123）。

　樋口によれば，A製紙会社の創業家は，A製紙会社の株式の16.7％を持つ最大株主であった。それに加えて，A製紙会社の連結子会社も所有することで，A製紙会社に対する強固な支配体制を構築していた。A製紙会社は，その急成長の過程で各地の製紙関連会社を傘下に入れたが，その際に創業家が当該企業の株式の過半数を取得するケースが珍しくなかった。連結範囲に関する財務諸表等規則では実質基準を採用しているため，創業家がオーナーになっている企業も，A製紙会社と実質的に一体ということで連結子会社とされる。事件発覚時のA製紙会社の連結子会社は計37社であったが，そのうち18社を創業家が所有していた（樋口　2015：120）。

　A製紙会社の持ち株比率をみると，2011年3月末時点で，A製紙会社の創業家が代表者を務める複数の会社のA製紙会社に対する持ち株比率は合計20.3％であった（日本経済新聞2011年10月29日朝刊より）。

　A製紙会社は，人事面において，創業家出身である会長Aが会長，元会長Bが最高顧問，取締役Cが取締役を務めており，創業家がA製紙会社を支配していた。また，A製紙会社は，株主構成面においても，創業家はA製紙会社にとって直接にも，間接にも強大な株主であり，創業家がA製紙会社を支配していた。

　稲葉によれば，A製紙会社は創業当時から続く同族経営であり，A製紙会社グループ全体を一族が支配していた（稲葉　2017：97）。

　A製紙会社の実在条件である創業家によるA製紙会社の支配は，

Ａ製紙会社のイデオロギーとしてのワンマン主義をもたらした。Ａ製紙会社内で，創業家の三代目である会長Ａに歯向かう人物が出現することは困難だった。

　なお，Ａ製紙会社は株式会社である。株式会社はその元をたどれば，人間の作った労働生産物に行き着く。資本主義経済では人間の作った労働生産物が商品となり，商品が貨幣となり，貨幣が資本となる。資本は個人企業を始めとするが，個人企業が大きくなると，機械や建物といった固定資本を多く必要とし，株式を発行して多くの固定資本を取得するための資金を調達するようになる。即ち，株式会社となる。株式会社が，さらに，大量の機械や建物といった固定資本を必要とし，大量の株式発行で大量の資金を調達して，大量の固定資本を取得すると，巨大企業となる。株式会社が巨大企業になる際には大量の株式が発行され，その株式は多様な多数の株主が所有するようになる。即ち，株式所有の分散が生じる[4]。株式所有の分散によって会社は決定権を持つ特定少数の株主が支配するものではなくなり，会社は株主から自立する。また，巨大企業は組織が大規模化し，複雑化する。大規模で複雑な組織は経営者によって専門的に経営される。株式所有が分散し，組織が大規模化し，複雑化した巨大企業は「会社それ自体」という状態になる[5]。Ａ製紙会社は創業家によって支配されており，経営者によって専門的に経営されておらず，「会社それ自体」という状態ではなかった。現代では巨大企業は「会社それ自体」であることが多いが，Ａ製紙会社は巨大企業としては珍しい状態であった。

　本章３節でみた「ツキがあれば何とかなると思っていた」という

会長Aの身勝手な正当化は，わがままなものである。この身勝手さやわがままはワンマン主義というA製紙会社のイデオロギーに起因する。従って，「ツキがあれば何とかなると思っていた」という会長Aの身勝手な正当化は，ワンマン主義というA製紙会社のイデオロギーをよりどころとしていた。

6節　大手製紙会社会長の職務犯罪における機会

　本節では，会長Aの犯行の機会を，2章5節で取り上げた生活運行理論における犯罪の要素の分類を参考にして，会長Aの犯行の機会を，「相応しい標的が存在する機会」と「効果的な監視人が欠如する機会」の2つに分けて考察する。

(1) 相応しい標的

　会長Aの犯行においては，A製紙会社の関連会社が相応しい標的であった。

　2012年7月18日東京地方裁判所であった被告人質問において，会長Aは，「ファミリー企業は支配下にあるので借りやすいと考えた」と語った（朝日新聞2012年7月19日朝刊より）。

　A製紙会社の関連会社（ファミリー企業）は，会長Aにとって，いい金蔓だった。A製紙会社の関連会社は会長Aにとって相応しい標的とされたのである。

(2) 効果的な監視人の欠如

　効果的な監視人は犯罪の統制要素である。会長Aが勤めていたA

製紙会社の取締役や監査役が効果的な監視人であれば，会長Ａの犯行はなかったかもしれない。

　しかし，Ａ製紙会社のイデオロギーはワンマン主義である。Ａ製紙会社の取締役や監査役は会長Ａに強く言える立場ではない。Ａ製紙会社の取締役や監査役は効果的な監視人ではない。従って，Ａ製紙会社の関連会社（連結子会社）から会長Ａへの安易な融資が実行され，会長Ａの行った犯行の露見が困難となった。ここに，会長Ａの犯行の機会が存在する。

　なお，効果的な監視人としては，元会長Ｂと取締役Ｃがその候補に考えられるが，元会長Ｂと取締役Ｃは会長Ａの家族であり，会長Ａに対して身内故に甘くなる。元会長Ｂと取締役Ｃが会長Ａに対して強力で効果的な監視を行うことは考えにくい。

7節　ワンマン主義と意志

　9章5節でみるように，アルチュセールはイデオロギーには意志が含まれていると論じた。ワンマン主義というＡ製紙会社のイデオロギーには，会長Ａが独善的に振る舞うという強い意志が含まれている。

　ここで，意志に関して考察してみる。カントは意志に関して次のように論じている。

　「意志は，生命をもつ存在者が理性を具えている限り，かかる存在者に属する一種の原因性である。また自由は，この種の原因性—すなわちこれらの存在者を外的に規定するような原因にかかわりなく作用し得るという特性である。（中略）意志の自由は，自律一す

なわち自分が自分自身に対して法則であるという，意志の特性をほかにして，いったいなんであり得るだろうか」（Kant　1785＝1976：140-1）。

「意志のいかなる規定根拠も，普遍的立法という単なる形式以外の規定根拠では，意志に対して法則となり得ないとすれば，かかる意志は現象の自然法則―すなわち継起する現象を支配するところの原因性の法則にいささかもかかわりがないと考えられねばならない，そしてこのように自然法則にまったくかかわりがないということは，最も厳密な意味における―換言すれば，先験的意味における自由と呼ばれる」（Kant　1788＝1979：68-9）。

ショーペンハウアーは意志に関して次のように論じている。

「実際，いっさいの目標がないということ，いっさいの限界がないということは，意志そのものの本質に属している。意志は終わるところを知らぬ努力である」（Schopenhauer　1819＝2004：366）。

エンゲルスは意志に関して次のように論じている。

「意志の自由とは，事柄についての知識をもって決定をおこなう能力をさすものにほかならない」（Engels　［1878］1962＝1968：118）。

テンニースは意志に関して次のように論じている。

「意志とは，対象そのものと結びつき，それに対応する活動への傾向であり準備である」（Tönnies　1887＝1957：173）。

イーグルトンは意志に関して次のように論じている。

「欲望が支配しにくいのに対し，意志は支配そのものである。恐ろしいほど容赦のない衝動であって，たじろぐことや抑制を知らず，皮肉や自己不信もない。ひたすら世界への欲望を露わにするから，

崇高な怒りに駆られて世界を粉々にすりつぶし，満足を知らぬ胃に世界を詰め込む。意志は自分が見るものをすべて愛するように見えるが，密かに愛しているのは自分自身である」（Eagleton　2003b＝2005：228）。

　また，イーグルトンは意志に関して次のようにも論じている。

　「中産階級社会が，まだ誕生したばかりで活気に溢れ，敵に対する勝利に酔いしれ，衰えを知らぬエネルギーに満ち溢れて意気軒昂であったころ，全能の意志に対する信頼感には限りないものがあった。その崇高な力を超えるものはないかに思われた。このイデオロギーを損なうことなくいまに伝えているのがアメリカン・ドリームである。このドリームにとっては，何であれ，あなたがそれに集中して意欲的でありさえすれば，不可能なことは何もない」（Eagleton 2005＝2011：161-2）。

　さらに，イーグルトンは意志に関して次のように論じている。

　「意志を礼賛するのはアメリカという国が特徴とするものだ。天井知らず，決して不可能なんていうな，その気になればなんでもできる，望むものなんにでもなれる。これがアメリカン・ドリームと呼ばれる妄想なのだ。一部のアメリカ人にとってCワード〔口にしてはいけないタブー語〕は『キャント』（can't）である。アメリカでは消極性は思想犯罪とみなされることがよくある」（Eagleton 2009＝2010：176）。

　続けて，イーグルトンは意志に関して次のように論じている。

　「意志も，みずからに対して法としてふるまう。全能の神とは異なり，この意志は，事物に支配権をふるう行為のなかで，事物から，

その独立した生を圧殺しかねない。みずからのなかに，みずからの根拠と目的とをたずさえている意志という考え方，また恣意的でもなければ非合理的でもないものの，理性に先立つ力（なにしろ，それには，なすべきことをなすという生来の傾向がそなわっていて，いちいち理屈を必要としない）という考え方，これはすでにスコトゥス[13世紀のスコットランドの哲学者]のなかに存在している」(Eagleton 2012＝2018：29)。

　最後に，イーグルトンは意志に関して次のように論じている。

　「意志とは，全能の神に取って代わる近代の産物である。男女ともに，意志の力によって，りっぱなことを成し遂げられるが，しかし，ピューリタンの人びとにとって，男女ともに悪魔の策略に屈しがちであって，りっぱなことを成し遂げるには，とにかく人間は，つねに，尻をたたかれ，拍車をかけられ，唱導され，助言され，説教され，道徳的に威嚇されつづけねばならない」(Eagleton 2013＝2014：140-1)。

　以上みてきたカントやショーペンハウアー，エンゲルス，テンニース，イーグルトンの意志論に基づき，筆者は意志を次のように定義する。

　〈意志とは，自由，自律，無制限を特徴とする人間の創造能力である〉

　意志は自由で，自己自身のみを原則としている，つまり，自律的である。自律は自己自身のみへの固執，他者に対する押しの強さをもたらす。従って，意志は自己自身のみに固執するもの，他者に対する押しの強さを持つものである。

A製紙会社のイデオロギーであるワンマン主義には，会長Aが独善的に振る舞うとする強い意志がみられる。また，会長Aの犯行には，犯罪を犯して，社会のルールから逸脱してまでも，海外のカジノでのバカラ賭博にのめり込み，独善的に振る舞うとするという強い意志がみられる。会長Aは，海外のカジノでのバカラ賭博にのめり込めば，会社に対してどのような結果を招くのかが分からなくなるほど，独善的に振る舞っていたのである。会長Aは，独善的に振る舞うとする強い意志を持ち，自己自身のみを原則として，自身の行為が会社に対してどのような結果を招くのかが分からなくなり，自分の個人的な海外のカジノでのバカラ賭博という遊びに固執したのである。そして，海外のカジノでのバカラ賭博に無制限にのめり込んでしまった。会長Aの独善的に振る舞うとする強い意志が，特別背任という大きな悲劇をもたらした。意志は，自由，自律，無制限を特徴とし，それ自体は悪いことではないが，時には，会長Aの犯行のような大きな悲劇をもたらす。

8節　分　　析

　本章の目的は，A製紙会社会長である会長Aの職務犯罪と正当化，A製紙会社のイデオロギーとの関連の考察であった。本章において，次のような事柄が明らかになった。

　会長Aの犯行は，「ツキがあれば何とかなると思っていた」という会長Aの身勝手な正当化によって促進された。この身勝手な正当化は，ワンマン主義というA製紙会社のイデオロギーをよりどころとしていた。また，ワンマン主義は，連結子会社から会長Aへの安

易な融資をもたらした。さらに，ワンマン主義によって効果的な監視人が欠如し，会長Ａの行った犯行の露見が困難となった。ここに，会長Ａの犯行の機会が存在した。ワンマン主義は，創業家によるＡ製紙会社の支配というＡ製紙会社の実在条件によってもたらされた。また，ワンマン主義には，会長Ａが独善的に振る舞うとする強い意志がみられた。

注————

1）2011年10月，同年11月，同年12月，2012年１月，同年２月，同年３月，同年４月，同年５月，同年６月，同年７月，同年９月，同年10月，同年11月，2013年２月，同年３月，同年４月，同年５月，同年６月の朝日新聞，毎日新聞，読売新聞，日本経済新聞。

2）会長Ａの特別背任に関しては，会計学者である松井による考察（松井　2012），リスクマネジメントの視点からの法学者である赤堀の考察（赤堀　2012），経営者である井上泉による考察（井上泉　2015：129-53），警察のキャリア官僚である樋口による考察（樋口　2015：116-29），経営学者である稲葉による考察（稲葉　2017：96-8）がある。

3）会長Ａの犯行は，会長Ａが経営していたＡ製紙会社を主体とする犯行ではないことからも，組織体犯罪ではなく職務犯罪である。

4）バーリとミーンズは株式所有の分散にともなう経営者の支配，所有と支配の分離を論じている（Berle and Means　1932＝1957）。

5）「会社それ自体」に関しては，５章４節で詳しく論じる。

第5章

オリンパスの組織体犯罪

1節　オリンパスの組織体犯罪に関して

　本章では，大手精密機器メーカーであるオリンパスの組織体犯罪を考察する。オリンパスの組織体犯罪は元社長（以下，元社長Aとする），元常勤監査役（以下，元常勤監査役Bとする），元副社長（以下，元副社長Cとする）を被告とする金融商品取引法違反（有価証券報告書の虚偽記載）の事件である。本章の目的は，オリンパスの組織体犯罪と正当化，「会社それ自体」の物神崇拝という現代資本主義社会のイデオロギーとの関連の考察である。また，本章の考察にあたっては，新聞[1] や他の研究者等が著した文献[2] 等を資料として用いる。

　本章では，まず，事件のあらましを論述する。次に，オリンパスの組織体犯罪における正当化をみていく。続けて，正当化のよりどころである現代資本主義社会のイデオロギーを考察する。さらに，現代資本主義社会のイデオロギーをもたらした現代資本主義社会における人間の実在条件を考察する。最後に，分析を行う。

2節　事件のあらまし

　本章においては，オリンパスの金融商品取引法違反（有価証券報告書の虚偽記載）を事例として取り上げる。

　オリンパスの金融商品取引法違反（有価証券報告書の虚偽記載）の事件の概略を新聞での報道からみていく。

　2013年7月3日の東京地方裁判所の判決によると，オリンパスはバブル崩壊後，財テクの失敗で1996年頃までに約900億円の損失を抱えた。これを隠すため，元常勤監査役B，元副社長Cが元社長Aの了解のもと，自社と無縁を装った海外ファンドをつくり，価値の下がった金融商品を買い取らせて，会社本体の損失を隠す「飛ばし」を行った。隠した損失は2003年頃には1,176億円にまで膨らんだ。元社長Aと元副社長C，元常勤監査役Bは2006年度から2010年度の決算で，純資産を約1,178億～416億円分水増しした有価証券報告書を，財務局に提出した。東京地方裁判所は元社長Aに対して懲役3年執行猶予5年，元副社長Cに対して懲役2年6月執行猶予4年，元常勤監査役Bに対して懲役3年執行猶予5年の判決を言い渡した。法人としてのオリンパスには罰金7億円を言い渡した（朝日新聞2013年7月4日朝刊より）。

　さらに，事件のあらましをみるため，2013年7月3日の東京地方裁判所の有罪判決の要旨を新聞での報道から，以下，みていく。

　オリンパスは1996年頃までに，投資の失敗で金融資産の含み損約900億円を抱えたが，海外ファンドへの「飛ばし」により財務諸表に計上せず隠していた。今回の犯行は，約20年間にわたる損失隠し

の一端として行われた。粉飾は最大1,178億円で，有価証券報告書の記載を偽った程度は著しい。とりわけ，企業の粉飾決算が相次ぎ，情報開示の徹底を図るため，2006年の金融商品取引法への改正で虚偽記載への罰則を強化した前後の犯行で，法改正の趣旨もないがしろにした。日本を代表する著名企業の犯行は，我が国の証券取引市場の公正を害し，市場に対する国内外の信用を揺るがしかねないものだった。犯行は高度の専門知識を悪用した巧妙なもので，上場企業のトップが取締役や社外協力者らと協議して組織的に行われた。会社存続のためだとしても，このような犯罪が許されないのは当然だ。同社のような大規模公開会社の経営者は，法令順守はもとより，株主や利害関係者の利益が最大に確保されているか特に留意すべきだった。同社では少数の幹部に重要な経営情報が集中し，経営を監視する取締役会などが形骸化しており，日本企業のガバナンス（統治機能）に重大な不信を抱かせた点は厳しく非難されるべきだ。一方，第三者委員会による検証などで実態解明に努め，コンプライアンス体制の再構築を行うなど，株式の上場維持につながった取り組みは量刑上，考慮できる。元社長Aは2001年の社長就任後，一貫して損失隠しを指示・了解し，最終責任者として犯行の意思決定を行い，刑事責任は重大だ。元常勤監査役Bは1997年に総務・財務部長，2003年以降は取締役として損失隠しに関与し，歴代社長に報告して了承を取り付けるなど重要な役割を果たした。両被告は実刑も考えられる。しかし，最初に損失隠しを決定したのは先任の社長らで，元社長Aは関与しておらず，元常勤監査役Bも指示に従う立場だった。元社長Aが負の遺産を知らずに引き継いでしまったことは否定

できない。両被告とも個人的利益を図ろうとしたことはなく，損失の公表を模索するなど苦悩したこともうかがわれる。実刑にはためらいがあり，今回に限り最長期間の執行猶予を付けることにした。元副社長Cも重要な役割を果たしたが，元社長Aらの指示に従っていたことなどを考慮し，執行猶予を付けた（読売新聞2013年7月4日朝刊より）。

金融商品取引法違反（有価証券報告書の虚偽記載）に問われた元社長Aや元常勤監査役B，元副社長Cと，法人としてのオリンパスに対する東京地方裁判所の有罪判決は2013年7月18日，確定した。検察側，弁護側とも控訴期限の2013年7月17日までに控訴しなかった（読売新聞2013年7月19日朝刊より）。

元社長Aと元常勤監査役B，元副社長Cは個人的な利益を目的として，金融商品取引法違反を行ったのではない。元社長Aと元常勤監査役B，元副社長Cは組織の利益を目的として，その職業上，金融商品取引法違反を行った。元社長Aらの犯行は組織体犯罪である。

3節　オリンパスの組織体犯罪における正当化

本書では，ホワイトカラー犯罪を行う者の犯行の正当化に注目している。本章でも，元社長Aによる犯行の正当化に注目する。

新聞で報道された，裁判における被告人質問での元社長Aの語りから，元社長Aによる犯行の正当化をみてみる。

2012年11月19日東京地方裁判所であった被告人質問において，元社長Aは，巨額の損失隠しについて，「公表すれば倒産する可能性が高く，3万人の従業員とその家族を考えると決断できなかった」

と語った。被告人質問に答えた内容によると、元社長Aは2001年に社長に就任して数カ月後、元常勤監査役Bから「1,000億円以上の簿外の損失がある」と説明を受けた。「経理や財務に素人の自分は、どう処理すべきか正直言ってわからなかった」と振り返った。損失隠しを知っていた社長経験者の元社長（以下、元社長Dとする）や別の元社長（以下、元社長Eとする）に、公表を提案したところ、「会社がつぶれてしまう」と猛反対されたという（朝日新聞2012年11月19日夕刊より）。

　以上みてきたように、元社長Aは、自身の犯行を「公表すれば倒産する可能性が高く、3万人の従業員とその家族を考えると決断できなかった」と正当化している。

4節　現代資本主義社会のイデオロギー

　以上みてきた「公表すれば倒産する可能性が高く、3万人の従業員とその家族を考えると決断できなかった」という元社長Aの正当化は、8章2節でみる、サイクスとマッツアが中和の技術の1つとして取り上げた「より高い忠誠への訴え」（「仲間を助けるためにやったんだ」等）や、スコットとライマンが正当化の1つとして取り上げた「より高い忠誠への訴え」に該当する。しかし、元社長Aの正当化をより深く考察し、正当化の深層や本質を明らかにするためには、単に「より高い忠誠への訴え」としてとらえるのではなく、この正当化のよりどころを探求しなければならない。

　結論的なことを先に述べれば、「公表すれば倒産する可能性が高く、3万人の従業員とその家族を考えると決断できなかった」とい

う元社長Aの正当化は，現代資本主義社会のイデオロギーである「会社それ自体」の物神崇拝をよりどころにしている。

　以下，「会社それ自体」の物神崇拝という現代資本主義社会のイデオロギーを詳細に考察していく。まず，「会社それ自体」に関して考察する。

　「会社それ自体」はその元をたどれば，人間の作った労働生産物に行き着く。資本主義経済では人間の作った労働生産物が商品となり，商品が貨幣となり，貨幣が資本となる。資本は個人企業を始めとするが，個人企業が大きくなると，機械や建物といった固定資本を多く必要とし，株式を発行して多くの固定資本を取得するための資金を調達するようになる。即ち，株式会社となる。株式会社が，さらに，大量の機械や建物といった固定資本を必要とし，大量の株式発行で大量の資金を調達して，大量の固定資本を取得すると，巨大企業となる。株式会社が巨大企業になる際には大量の株式が発行され，その株式は多様な多数の株主が所有するようになる。即ち，株式所有の分散が生じる[3]。株式所有の分散によって会社は決定権を持つ特定少数の株主が支配するものではなくなり，会社は株主から自立する。また，巨大企業は組織が大規模化し，複雑化する。大規模で複雑な組織は経営者によって専門的に経営される。株式所有が分散し，組織が大規模化し，複雑化した巨大企業は「会社それ自体」という状態になる[4]。

　「会社それ自体」に関しては多くの論考があるが，それぞれみていく。まず，川合の「会社それ自体」に関する論述をみてみる。

　「自己金融と資本剰余金との登場が示すものはいずれも（中略）

『会社それ自体』の成立，会社の株主からの『自立化』，資本機能の資本所有からの疎外の過程の完成をあらわしている」（川合　1958：208）。

　鈴木は「会社それ自体」に関して次のように論じている。

　「会社資本が自立化することによって，会社財産の人格化が生じ，『会社それ自体』，『ビジネス・エンティティ』，『法人』といった観念が生ずる」（鈴木　1974：125）。

　北原は「会社それ自体」に関して次のように考察している。

　「〔株式会社では〕現実資本は，個々の株主の資本としてではなく，またそれらの単なる集合ではなく，結合された１つの独立の『社会的資本』として，個々の株主から自立して運動していくし，この現実資本の直接的所有は株主から離れてしまう。そしてこの現実的資本の直接的な所有主は，『会社それ自体』となる。（中略）独占資本主義段階を特徴づける独占的巨大会社の発展は，『会社それ自体』による所有という株式会社的所有の特質を全面開花させ，またそれに対応した支配のあり方を作り出していく」（北原　1980）。

　「個人的所有者兼支配者の存在しない現代の独占的巨大企業においては，自然人ではなく『会社それ自体』が現実資本の直接的所有主体であり，その所有にもとづく支配力をもつ経済主体であり，それゆえにまた行動主体でもあるのである」（北原　1984：17）。

　「『会社』自体は『人』に擬せられた存在（＝法人）でしかなく，その実体は感性的には捉え難い。このことは労働者が『人』によって支配されているという実感を失うことにつうじる」（北原　2001）。

　奥村の「会社それ自体」に関する考察をみてみる。

「『経営者支配』とみられるような現象が成立したのは，単に株式分散によるものではなく，『会社それ自体』の自立化によるものである。（中略）その場合，問題になるのは『会社それ自体』と経営者の関係である。経営者が法人としての『会社それ自体』を代表していることはいうまでもない。いわゆる『資本の人格化』として経営者は機能していく」（奥村　1981）。

　石渡は巨大株式会社での会社自体を次のように論じている。

　「巨大株式会社では，大株主経営者が少なくなる。経営は，経営の純粋な専門家が当たる。このことで，巨大株式会社においては，会社を所有する・支配するものが会社自体であるという性格が明白となってくる」（石渡　1982）。

　富森は「会社それ自体」と階級関係に関して次のように考察している。

　「基底にある生産諸条件と生きた労働との分離対立の実態そのものが，より本質的なのであり，したがってその分離対立のつよさによって『会社それ自体』の私的性格もまた変っていくと考えられるのである。さらに，こうして『会社それ自体』の私的性格が一定の曖昧さをもつ以上，かかる段階―会社が名実ともに資本家になる段階―そのものが，生きた労働と生産諸条件の分離対立の弱まりを，ある程度反映していると考えることも可能である。だが，同時にかかる状況下での階級関係の見えにくさによって，階級支配の責任が，物化した資本家という妖怪の陰に隠されていく危険性もまた存在するとしなければならないだろう」（富森　1982）。

　植竹は会社自体に関して次のように論じている。

「株式会社企業の意思形成と経営執行の機能が個々の出資者の手を離れて客観的な機関のうちに対象化されてくるのは，株式会社が株主とは独立の人格（法人格　legal entity）を付与され，『会社自体』が1個の人格として現われてくるのと軌を一にしている。そして，この人格化はまさに資本の人格化にほかならない。（中略）株式会社機構のもつこうした物象性は，株式を所有する主体さえもが自然人ではなく『機関』ないしは『法人』となって現われてくるとき，一層進化した姿で現われてくる」（植竹　1984：107）。

　森は会社自体に関して次のように考察している。

　「株式会社の現実資本は結合資本として存在する。この結合資本の意味は，資本集中一般から帰結される共同出資や貸付資本の集合を越えた固有のものであって，この『直接に結合した諸個人の資本』は，結合せざる諸個人の資本が広範に存在する世界に『社会化資本』として個人資本と共存し，またその結合の内部にも諸個人資本の多様な意志と運動を包容しているのである。株式会社だけがもつ『会社自体』という表象および有限責任制は，資本物神の極限のすがたであると同時に，この結合資本の人格化にほかならない。資本の人格化が資本家である以上，結合資本を人格化した結合資本家は，個々の自然人ではない『会社自体』（法人）とならざるをえない。したがって結合資本家としての『会社自体』が，さしあたり現実資本の所有者として現われる」（森　1985：155-6）。

　有井は「会社それ自体」に関して次のように論じている。

　「対象たる企業に結合資本たる実体を前提すれば，『資本の人格化』したがって『会社それ自体』の自立性は，大株主支配だろうと

中核株主の連合支配だろうと株式会社を現在貫いている本質的過程なのであり，そうであるからこそ，株式が分散することや株主総会が空洞化することが，結合資本が資本たることのもとで可能かつ本質適合的形態として必然的であったのである」（有井　1985）。

　飯田は会社自体に関して次のように考察している。

　「現実資本（結合資本）にたいする統一的かつ単一の所有主体として把握された法的人格は『会社自体』とよばれる。この会社自体が，企業財産（現実資本）にたいする所有主体としての自立性を確立し，個々の出資者＝株主とは別の人格であることを明確化するのは，株式会社の制度的特徴である株式の自由譲渡制と有限責任制とその全面的展開によるのである」（飯田　2001：371）。

　以上，「会社それ自体」に関する論考をみてきたが，これらの論考では概ね「会社それ自体」は株主から自立した状態のことを意味している。このような状態は資本が発展し，株式会社となり，さらに，巨大化するとともに現れた。以上みてきた「会社それ自体」に関する論考を参考にして，本書では，「会社それ自体」を次のように定義する。

　〈「会社それ自体」とは，会社が大規模で複雑であり，会社が株主から自立し，会社が現実資本を所有し，さらに，所有に基づく支配を行うことである〉[5]

　ここで，本書で取り上げているオリンパスが「会社それ自体」の状態であったかどうかを，オリンパスの株式所有が分散している状況と，オリンパスが大規模化し，複雑化している状況をみることによって確認する。『会社四季報』によれば，事件の発覚する前の

2011年3月決算期末の株主をみると，単元株主数（自己名義を除く）は177,719名であった。筆頭株主は大手生命保険会社で持株比率は8.2%，第2位の株主はメガバンクで持株比率は4.8%であった。第7位の株主も別のメガバンクで持株比率は3.0%であった。上位株主10名の持株比率の合計は39%であった。外国国籍の個人，外国の法律により設立された法人の所有する株式数の合計が発行済株式数に占める比率は27.6%であった（東洋経済新報社　2011：1334）。株主の数は大量で，筆頭株主の持株比率は1割を切り，上位株主10名の持株比率の合計も5割を超えないので上位株主10名が協力しても過半数を取れないことから，オリンパスは株式所有が分散している状態であったことが分かる。また，『会社四季報』によれば，事件の発覚する前の2011年6月の従業員数（就業人員数。役員，臨時従業員を除く。会社法上の役員ではない執行役員を含む）は連結ベースで34,686名，単独ベースで3,257名であった（東洋経済新報社　2011：1334）。従業員の数は大量で，オリンパスが大規模化し，複雑化している状態であったことが分かる。以上みてきたように，オリンパスは株式所有が分散している状態であり，また，大規模化し，複雑化している状態であった。従って，オリンパスは「会社それ自体」の状態であった。

　次に，物神崇拝（Fetischismus：呪物崇拝とも訳される）を考察する。物神崇拝論の蓄積は豊富で，それぞれの論考が重要なため，それらの論考の引用を行っていく。物神崇拝という概念は単純な概念ではなく，難解な概念であることから，引用が長くなってしまうが，寛恕願いたい。物神崇拝を考察した学者としては，マルクスが最も

有名である。マルクスは物神崇拝に関して次のように考察している。

「人間の社会的生産諸関係と物象のうけとる諸規定とを，こうした諸関係のもとに包摂された（subsumiert）ものとして，事物の自然的諸属性として考察しようとする，経済学者たちの粗野な唯物論は，同様に粗野な観念論であり，ほかならぬ物神崇拝である。この物神崇拝は社会的諸関連を事物に内在的な諸規定であるとして事物のせいにし，こうしてそれらを神秘化するものである」（Marx [1857-8] 1953＝1961：639）。

「資本主義的生産様式に特有な，そしてその本質から生ずる呪物崇拝的な見解。これは，商品であるとか生産的労働であるとかいうような経済的な形態規定性を，これらの形態規定性または範疇の素材的な担い手それ自体に属する諸属性とみなすものである」（Marx [1863-5] 1933＝1970：121-2）。

「商品形態は人間にたいして人間自身の労働の社会的性格を労働生産物そのものの対象的性格として反映させ，これらの物の社会的な自然属性として反映させ，したがってまた，総労働にたいする生産者たちの社会的関係をも諸対象の彼らの外に存在する社会的関係として反映させるということである。このような置き替え〔Quid-proquo〕によって，労働生産物は商品になり，感覚的であると同時に超感覚的である物，または社会的な物になるのである。（中略）商品形態やこの形態が現われるところの諸労働生産物の価値関係は，労働生産物の物理的な性質やそこから生ずる物的な関係とは絶対になんの関係もないのである。ここで人間にとって諸物の関係という幻影的な形態をとるものは，ただ人間自身の特定の社会的関係でし

かないのである。それゆえ，その類例を見いだすためには，われわれは宗教的世界の夢幻境に逃げこまなければならない。ここでは，人間の頭の産物が，それ自身の生命を与えられてそれら自身のあいだでも人間とのあいだでも関係を結ぶ独立した姿に見える。同様に，商品世界では人間の手の生産物がそう見える。これを私は呪物崇拝と呼ぶのであるが，それは，労働生産物が商品として生産されるやいなやこれに付着するものであり，したがって商品生産と不可分なものである」（Marx ［1867］1962＝1965：97-8）。

　マルクスの物神崇拝論をみたので，次に，マルクスの物神崇拝論を継承した学者たちの物神崇拝論をみていく。

　高橋は合理化の観点から物神崇拝に関して次のように考察している。

　「マルクスが資本家的生産様式の物神性格批判を主眼としながら，しかし実際にはこの生産様式の倒錯性が独自資本家的な合理化形態のもとに包摂されてゆくメカニズムを追跡しているのは，物神崇拝なるものの本性からして当然の手続きであった。すなわち，倒錯性はただちに物神性と同じであるわけではなく，倒錯性が一定の合理的な姿で現れることによってはじめて物神性は物神性として成り立つのである。倒錯性が科学的分析の問題次元に属するザッヘそれ自体の内在的本性であるのに対し，物神性はむしろ人間の現実的観念あるいは現実的意識が自家生産する現象である。本質関係としての資本―賃労働関係を『逆立ち』した現象形態のもとに自己表現する資本家的生産様式の倒錯性は，これを倒立像としてではなくまさに正立像としてみずから了解するような一定の観念作用に媒介される

ことによって，物神性に転化する。すなわち，資本家的生産様式は，いわゆる下部構造のウムを言わさぬ自立運動過程を物と物との関係の資本家的に合理的な体系として展開するなかで，同時に，その全体を非資本家的にも合理的なものとして承認する独自資本家的なイデオロギーを生み出す」（高橋　1973：49-50）。

「『フェティシズム』とは，（中略）物象的経済形態が現実に社会的妥当性をもつものとして生産当事者自身の主体的能動的な活動によって確証されている状態のことである」（高橋　1978：76）。

「われわれは『フェティシズム』概念の鋳直しを重視し，これを，物象的経済形態が現実に社会的妥当性をもつものとして生産当事者たちの主体的能動的な活動によって確証されている状態のことである，と規定するわけである。この用語は，物象的形態の顚倒性が対象認識の倒錯性によって実践的に解毒され相殺されているという意味での合理化が達成されている状態を，分析者に固有の立場から把握するための概念用具である」（高橋　1981：208）。

高橋の物神崇拝論に類似したものとして，マルクス主義哲学者のジジェクの次のようなフェティシズム論がある。

「ジャン・ラプランシュは，もともとの幻想をあらわすヒステリーの『原初のうそ』について書いている。『原初のうそということばは，主観的なうそとは異なるものに照準を定めている。それは，主観的なものから基礎づけへの一種の移行を記述する—基礎づけではなく，超越論的なものとさえいえるかもしれない。いずれにせよ，事実のうちに書きこまれた一種の客観的なうそである』。これはまた，マルクスの商品ノェティシズムの地位にほかならない—たんな

る主観的な錯覚ではなく，『客観的な』錯覚，事実（社会的現実）自体のうちに書きこまれた錯覚である」（Žižek　2006＝2010：310）。

　高橋やジジェクによれば，物神崇拝は倒錯，錯覚でありながらも，合理的で，「客観的な」，社会的現実自体のうちに書きこまれたイデオロギーであり，単純には考察しがたい，従って，取り扱いが難しいイデオロギーである。

　今村はイデオロギーとしてフェティシズムを考察している。

　「資本制社会における市民の無意識的精神過程は，常にすでに余儀なくフェティシズム的思考を強制されている。そして，このフェティシズムは，それがなければ資本制経済がまったく存立しえない，そういう精神的＝物質的な社会的条件である。フェティシズムは，心理的錯覚ではなくて，資本制的市民社会に生きる人間の，世界（社会と自然）に対する実践的態度であり，人間と世界との関係を生きるもっとも根源的な形での世界観である。それは，もっとも根源的なイデオロギー，あるいはイデオロギーの第一次形成である。この無意識的イデオロギーによって，近代的市民は経済にとりこまれ，経済の代理人＝担い手となりうる。資本制生産様式は，物質的な意味での経済的生産過程であり，同時にこの第二次形成としての無意識的イデオロギーの生産過程である。両者は二つにして一つである」（今村　1974：26）。

　「ひとはしばしば，フェティシズムの世界を錯覚―錯視―倒錯，要するにファンタズムの生産の次元で論じがちであったが，本源的にはフェティシズムは，人間がそれをとりまく世界＝宇宙（自然と社会）に対する関係を生きる不可欠の生活圏―これをわれわれはイ

デオロギーの第一次形成とよぶ—であるかぎりで，社会的生活過程，たとえば経済的生産過程に不可欠の，それと区別されるがそれと一体のものとしての，生活・生産圏である」（今村　1983：265）。

　石塚はフェティシズムをポジティブ・フェティシズムもしくは原始フェティシズムと，ネガティブ・フェティシズムもしくは文明フェティシズムに区分して考察している。

　「フェティシズムにおける『交互』および『転倒』の意味，位置を確認してみたわけだが，そうしてみると，フェティシズムにおいて最も重要な特性は『転倒』でなく，『交互』の方であることがわかる。（中略）そのような『交互』運動としてのフェティシズムをポジティブ・フェティシズムと呼ぶほか原始フェティシズムとも呼び，『転倒』現象としてのイドラトリをネガティブ・フェティシズムと呼ぶほか文明フェティシズムと呼ぶことにする」（石塚　1991：19-20）。

　田上はフェティシズムを疎外され物象化された世界にとって必須のイデオロギーとして捉えている。

　「マルクスは宗教をイデオロギーの一形態と捉える。それゆえ宗教になぞらえられるフェティシズムは，一見するとそれこそが物象化された世界の存立基盤であるかのように見えるが，実際は物象化された世界のイデオロギー的表現にすぎないのである。（中略）フェティシズムという事態はまさに宗教がそうであるように，イデオロギーとしての役割，それ自身が疎外され物象化された世界の土台ではないが，そうした世界を維持し再生産するために欠くことのできない役割を果たしているのである」（田上　1997：77）。

以上，物神崇拝論をみてきたが，これらの論考では概ね，物神崇拝をイデオロギーとみなしている。また，物神崇拝とは，人間が「主」で，人間が作った物が「従」であった関係が転倒，倒錯して，人間が作った物が「主」で，人間が「従」となるように見えるというイデオロギーとして論じている。本書では，以上みてきた物神崇拝論，特にマルクスの物神崇拝論を参考にして，物神崇拝を次のように定義する。

　〈物神崇拝とは，人間が作った物が人間の外に存在し，人間が作った物がそれ自身の生命を与えられてそれら自身の間でも人間との間でも関係を結ぶ独立した姿に見え，人間が作った物を人間が崇拝するというイデオロギーである〉

　物神崇拝とは以上のようなものであるが，「会社それ自体」の物神崇拝とは何であろうか。「会社それ自体」の物神崇拝とは，人間が作った物である「会社それ自体」が人間の外に存在し，それ自身の生命を与えられて「会社それ自体」相互の間でも人間と「会社それ自体」の間でも関係を結ぶ独立した姿に見え，「会社それ自体」を人間が崇拝するというイデオロギーである。

　先ほどみたように，「会社それ自体」はその元をたどれば，人間の作った労働生産物に行き着く。元々「会社それ自体」は人間が作った物である。しかし，会社が株主から自立し，会社が現実資本を所有し，さらに，所有に基づく支配を行う「会社それ自体」という状態においては，「会社それ自体」は大規模で，複雑な物となっている。株主から自立し，大規模で，複雑な「会社それ自体」をそれ自身の生命を与えられた物，自分たちに外在する物と人間はみな

し，さらには，崇拝するようになる。「会社それ自体」は会社を経営する経営者，会社で働く労働者にとって，自分たち個々の存在よりも巨大で別個に存在する物，それ自身の生命を与えられた物，自立して存在する物とみなされる。さらに，「会社それ自体」の存続と成長を願い，「会社それ自体」に忠誠を誓う経営者や労働者は多くみられる。マスメディア等でみられる会社の存続と成長を決意する経営者の語り等は，「会社それ自体」の物神崇拝の表れである。また，「会社それ自体」への経営者や労働者の崇拝は，「会社それ自体」の創業者への顕彰や，「会社それ自体」の創立記念日の儀式において目にみえるものとして表れる。

　なお，本書で取り上げているオリンパスはバブル期に財テクを行なったが，この財テクは「会社それ自体」の拡大を表している。この拡大欲求を規定するものの一つに，オリンパスの成長を願い，オリンパスに忠誠を誓う，「会社それ自体」の物神崇拝というイデオロギーを持つ経営者の存在があげられる。

　以上みてきた「会社それ自体」の物神崇拝という現代資本主義社会のイデオロギーは，「公表すれば倒産する可能性が高く，３万人の従業員とその家族を考えると決断できなかった」という元社長Ａの正当化のよりどころとなる。そして，この元社長Ａの正当化が元社長Ａの犯行を促進する。

　また，「会社それ自体」の物神崇拝にはイデオロギーの特徴である自然化が見出される。9章6節でみるように，イーグルトンはイデオロギーの特徴として，自然化（イデオロギーが，その信念を自然なもの，自明なものとみせかけること，社会の「常識」と一致させ，そ

れ以外の信念を想像できないようにさせること）をあげている。イデオロギーは自らを「自然なもの」であるとし，自らを「自明なこと」や「当然のこと」，「当たり前のこと」であるとしたり，さらに，自らを「必然的なこと」であるとする。このような特徴を持つイデオロギーに対して，人々はイデオロギーが語る「自然な」，「自明で」，「当然の」，「当たり前の」，さらには「必然性を持った」言説を納得するようになり，さらに，同意するようになる。人々はイデオロギーに対して疑問を抱くことを止めてしまう。イデオロギーは自然化という特徴を持ち，人々を納得させるものであり，この人々を納得させるという点が，説得等といった人々が何かことをなす言語行為である行為遂行的言説というイデオロギーの性質の源泉となる。

　「会社それ自体」の物神崇拝はイデオロギーであることから，「会社それ自体」の物神崇拝も自然化され，「自明のこと」とされる。人間が作った物である「会社それ自体」を人間が崇拝することも「自明のこと」とされる。「会社それ自体」の物神崇拝に対しては一般の人々も概ね疑問を抱かないものであるが，経営者は「会社それ自体」の物神崇拝に対して一般の人々よりもさらに疑問を抱かない。

　「会社それ自体」の物神崇拝が自然化されるのに伴って，「会社それ自体」の物神崇拝をよりどころとする元社長Ａの正当化も自然化され，「自明のこと」とされ，疑問視されることはない。元社長Ａの正当化は，元社長Ａにおいても「自明のこと」とみなされる。「自明」とみなされることから，元社長Ａの正当化は元社長Ａにとって高い納得度を持つ正当化として存在することになる。そして，

高い納得度に基づいて，元社長Aにおいて，オリンパスという「会社それ自体」は絶対視される。組織体犯罪を犯してでも，オリンパスという「会社それ自体」を絶対視する言説，社会にとって不当な言説も存在することとなる。

5節　「会社それ自体」が物象化された経済

　1章1節でみたように，また，9章7節で詳しくみるように，イデオロギーは人間が自らの実在条件との関係をどのように生きるかというその方法を「地図」という形で表明する行為遂行的言説である。本節では「会社それ自体」の物神崇拝という現代資本主義社会のイデオロギーを理解するために現代資本主義社会における人間の実在条件をみてみる。また，現代資本主義社会における人間の実在条件の中でも経済環境に焦点を合わせる。経済環境に焦点を合わせると，現代資本主義社会における人間の実在条件として，「会社それ自体」が物象化された経済があげられる。この「会社それ自体」が物象化された経済は現代資本主義の特徴の1つである。

　なお，「会社それ自体」が物象化された経済を考察する前に，物象化（Versachlichung, Verdinglichung）に関して考察する。物象化に関しても多くの考察がある。物象化論も蓄積が豊富で，それぞれの論考が重要なため，それらの論考の引用を行っていく。物神崇拝という概念と同じく，物象化という概念も単純な概念ではなく，難解な概念であることから，引用が長くなってしまうが，ここでも寛恕願いたい。

　物象化という概念を用いて社会現象を最初に考察したのはルカー

チである。ルカーチはマルクスの物神崇拝の考察を受けて物象化に関して次のように考察している。

「次のことが確認されねばならない。すなわち，この物象化の基本的事実によって，人間独自の活動，人間独自の労働が，なにか客体的なもの，人間から独立しているもの，人間には疎遠な固有の法則性によって人間を支配するもの，として人間に対立させられる，ということである。しかもこのことは，客体的な側面においても主体的な側面においても生じてくる。客体的な方をみると，すでにできあがった物と物との関係の世界（商品および市場での商品の運動の世界）があらわれる。この世界の法則は，たしかにしだいに人間によって認識されてくるのであるが，この場合においても，その法則は人間にとって制禦しがたい，自分から動いていく諸力として人間に対立するのである。したがって，この法則の認識を，たしかに個人は自分の利益のために利用することができるのであるが，その場合でも個人は，自分の活動によって現実の経過そのものにはたらきかけて変革していくということはできないのである。主体的な方をみると，―完成された商品経済の場合には―人間の活動は自分自身に対立して客体化され，商品となるのであるが，この商品は，社会的自然法則の人間には疎遠な客観性に従うのであって，したがって人間の活動は，商品体となった欲望充足の財と同じように，人間から独立してみずからの運動をおこなわねばならないのである」（Lukács　1923＝1991：166-7）。

物象化に関しては廣松の物象化論が有名である。まず，廣松の物象化論をみる前に，廣松が物象化と物神化との関連をどのようにみ

ているかを確認しておく。

　「著者〔廣松〕は『物象化』プロパーとそれの特殊形態の一つたる『物神化』とを当然区別して考えてきたとはいえ，種差的区別が奈辺に存するかを明示的に規定することなくすごしてきた。(中略)著者〔廣松〕自身としては『物象化』という概念をマルクスの用語法よりもさらに拡張して使用している」(廣松　[1974] 2010：289)。

　それでは，廣松の物象化論をみていく。廣松は物象化に関して次のように考察している。

　「惟うに，人々が"物化"ないし"物象化"ということを語るさい，(中略)普通には次のごとき三層が主として表象されているように見受けられる。(1) 人間そのものの"物"化。—たとえば，人間が奴隷（商品）として売買されるとか，単なる機械の附属品になってしまっているとかいうような状態。ここでは，人間（さしあたり他人）の在り方が『人格』としてではなく，事物と同類なものに映じ，事物と同様なものとして扱われる状態になっているという意味で『人間が物的な存在になってしまっている』と看ぜられる。(2) 人間の行動の"物"化。—たとえば，駅の構内での人の流れや満員電車のなかでの人々の在り方など，群衆化された人々の動きが個々の成員の意思では左右できなくなっているような事態の謂いであり，これは或る屈折を経て，行動様式の習慣的な固定化にも通ずる。ここでは，本来人間の行動であるところのものが，個々の自分ではコントロールできない惰性態になっており，主体的意思行為に対して"自存的抵抗性"をもつようになっているという意味で『人間の行動が物的な存在になってしまっている』とされる。(3) 人間

の力能の"物"化。―たとえば，彫刻とか絵画とかいった芸術的作品や，俗流投下労働価値説的に考えられた商品価値など。ここでは，元来は人間主体に内在していた精神的・肉体的な力能が，謂わば体外に流出して物的な外在的存在となって凝結するとでもいった意味あいで『人間の力能が物的な存在になっている』と表象される。（中略）嚮の (1)(2)(3) との対比上，敢て卑俗な指摘から始めれば，マルクスの謂う物象化は，人間と人間との間主体的な関係が"物の性質"であるかのように錯認されたり（例えば，貨幣のもつ購買力という"性質"），人間と人間との間主体な社会的関係が"物と物との関係"であるかのように倒錯視される現象（例えば，商品の価値関係や，多少趣きと次元を異にするが，『需要』と『供給』との関係で物価が決まるというような現象）などの謂いである」（廣松　1983：63-5）。

「物象化というのは，通常的意識の没批判的な地平においては，物象的属性・物象的実体・物象的関係として現象しているものごとが，実は，人々相互の（物的契機も無論介在します）関係がそのような錯認相で映現しているものにほかならないということを批判的に指摘する概念です。人（ペルゾン）と人との関係が当事者たちの直接的意識には物象（ザッヘ）的対象相に屈折して映現する事態，これを物象化と呼びます。この物象化という事態は，錯認であるとはいっても，酔眼に映ずる幻像といった偶々（たまたま）生じる幻影ではなく，一定の条件下に置かれている人々にとってはおのずと起こってしまう現象であり，容易には払拭できません。（中略）人々の日常的な意識にとっては，商品はそれ自体で"値打ち"をもち，資本はそれ自身が"増殖力"をもつという具合に，物象化された現象がそのまま客観的事実に思えますし，

そこで，人々はこの"客観的事実"に即して日常的に実践を営み，その日常的実践によって物象化現象を再生産していきます」（廣松1986：v）。

また，ホネットは物象化を承認の観点から考察している。

「承認に敏感な認識の形式が一方にあり，他方では，先行する承認に由来しているという感覚がもはや失われているような認識の形式が対峙している。いくらか回りくどい表現をすれば，次のことが明らかになるはずである。つまり，両方の態度形式が関係しあう二つの様式は，それらが互いに透明であるか，あるいは不透明であるのか，もしくは互いに接近可能であるのか，あるいは近づくことが不可能であるのかという基準にしたがって区別することが，さしあたりは重要であるという点である。最初のケースでは先行的な承認に支えられていることを意識して認識や，観察的な行動が行なわれているのに，二つめのケースでは同じ行動がこの依存を自らとは関係ないものとして切り離し，すべての非認識的な前提に対して依存することなくやっていけると思いこんでいる。そうした形の『承認の忘却』をこれからわれわれは，ルカーチの意図をより高いレベルで引き継いで，『物象化』と呼ぶことができる。それゆえこの概念が意味しているのは，他の人間についてのわれわれの知識や認識において，それらがどれほどまでに先行的な承認に依存しているのかという意識を消え去らせてしまう過程なのである」（Honneth 2005＝2011：82-3）。

さらに，大黒は21世紀初頭の社会における物象化を論じている。

「物象化の今日的意義を問題にする場合，ジジェクのあまりにも

有名なテーゼから始めるのが有効である。ジジェクは，マルクスが『商品の物神的性格とその秘密』で『彼らはそれを知らないが，しかし，それを行なう』と表現した物象化の機制を古典的形態と見なし，現代においてはむしろ『彼らはそれを知っている，しかし，それを行なう』というべき新たな事態が生じているという。それをポスト・モダンの物象化と呼ぶかどうかはともかくとして，マルクスの与えた物象化の機制が，無知な主体，あるいは物象の担い手に還元された主体を想定しているのに対し，この新たな段階の物象化は，いわば醒めた主体，あるいは自由に選択できる主体を想定しているといってよい」（大黒　2006：147）。

様々な物象化論があるが，ルカーチが物象化の概念を最初に明確に示したことから，ルカーチの物象化論が重要である。また，廣松の物象化の概念の精緻化は際立っており，廣松の物象化論も重要である。以上みてきたルカーチと廣松の物象化論を参考にして，本書では，物象化を次のように定義する。

〈物象化とは，人間の行動が，客体的な，人間から独立し，人間には疎遠な固有の法則性によって人間を支配し，人間を制御する物のようになることである〉

なお，物象化と物神崇拝を比較すれば，物象化は実在や構造，状態の水準に属し，物神崇拝はイデオロギーであり，言説や意識，観念の水準に属すると筆者は考える[6]。

物象化を考察したので，次に，「会社それ自体」が物象化された経済を考察する。「会社それ自体」が物象化された経済とは，人間が作った「会社それ自体」が，客体的な，人間から独立し，人間に

は疎遠な固有の法則性によって人間を支配し，人間を制御する物のようになり，そして，このような「会社それ自体」によって構成される経済である。株式所有が分散し，組織が大規模化し，複雑化した「会社それ自体」は，客体的な物であり，「会社それ自体」を作った人間である株主や労働者から独立し，経営者からも独立し，資本の論理や組織の論理といった労働者には疎遠な固有の法則性によって労働者を支配し，労働者を制御する物のようになる。「会社それ自体」は，ストライキや賃上げ要求闘争等の特殊な状態を除けば労働者にとって制御しがたく，逆に労働者を制御する物のようになる。労働者は「会社それ自体」の経営からは疎遠となり，「会社それ自体」の経営に従う存在となる。労働者は「会社それ自体」によって制御される存在となる。また，「会社それ自体」は，「会社それ自体」が大規模で，複雑な故に，経営者にとっても経営が難しく制御しがたい存在であり，時には「会社それ自体」は経営者を翻弄する。現代資本主義社会において経営学という学問が存在すること自体が，「会社それ自体」の経営が難しく制御しがたいことを表している。「会社それ自体」は物象化され，経営者や労働者にとって，まるで鉄筋コンクリートのビルのような非常に硬い物として存在する。人々は「会社それ自体」がその中に入っている鉄筋コンクリートのビルに，「会社それ自体」の物象化された様相を見出す。そして，「会社それ自体」が潰れる時には，何か鉄筋コンクリートのビルが崩壊するのを目にするような大きな衝撃を受けるのである[7]。この非常に硬い物象化された「会社それ自体」によって経済は構成されている。

本章で取り上げているオリンパスにおいても「会社それ自体」が物象化されており，オリンパスは経営者にとって経営が難しく制御しがたい存在であり，経営者を翻弄するものであった。オリンパスのバブル崩壊による財テク失敗と損失解消への苦慮は，バブル崩壊というマクロ経済の状況があったとはいえ，経営者がオリンパスの抱える損失に翻弄され，経営者にとってオリンパスの経営が難しく制御しがたい存在であることを表している。

　なお，飯田も，「会社自体」が物象化されていることを論述している。「株主に代わって現実資本の所有者として認められた会社自体は，現実資本にたいする株主たちの共同所有の関係（＝諸人格の社会的関係）が物象化されたものであり，この物象化された諸人格の社会的関係そのものがひとつの自立した所有主体（＝会社自体）として社会的に通用させられている，とみることができる」（飯田2001：375）。

　また，本章4節でみたように，植竹も「会社自体」を物象性の観点から論じている。

　物象化された「会社それ自体」にはゴーイング・コンサーン（継続的事業体）という属性が強く表れている。物象化された「会社それ自体」に強く表れるゴーイング・コンサーンという属性は，物象化や物化について廣松が論じたところの「固定化」や「惰性態」，「自存」という特徴である。「会社それ自体」はなかなか潰れない，もしくは，簡単に潰すわけにもいかないという意味で「固定的」であり，自らの資本の論理や組織の論理に従って存在し続けるという意味で「惰性態」であり，経営者や労働者から独立し，株主からも

自立しているという意味で「自存的」である。また、「会社それ自体」がゴーイング・コンサーンという属性を強く持つこと自体が、「会社それ自体」が物のようになっていることを表している。

　ゴーイング・コンサーンは元々資本の属性である。飯田は資本をゴーイング・コンサーンとみなし、資本がゴーイング・コンサーンであることを固定資本の存在から説明し、さらに、株式会社はゴーイング・コンサーンに最も適合したものであると論じている。

　「経営学・会計学上のゴーイング・コンサーン（going concern：継続的事業体）という用語は、（中略）資本の運動の特徴をあらわすものである。ゴーイング・コンサーンとしての資本は、その資本の運動を陰で支えてきた個々の人間たちがリタイヤしても死んでいっても、その運動を止めない。この意味でもまた1人1人の人間からは自立した存在なのである」（飯田　2006：72）。

　「資本循環において、ゴーイング・コンサーンとしての資本の論理が出てくるのは、何よりもまずは個別資本の1循環期間を超えて生産過程に固定される労働手段、すなわち固定資本の存在である。これは、与えられた価値が償還（回収）されるまでの間、その残存価値が生産過程に維持され固定され続けなければならず、そのためにもまた事業の継続性すなわちゴーイング・コンサーンの論理を必要とするからである」（飯田　2014：23）。

　資本が発達し、さらに、株式会社の発展した形態である「会社それ自体」は大規模で、大量の機械や建物といった大量の固定資本を持つことから、「会社それ自体」はゴーイング・コンサーンという様相を強く持つのである。また、「会社それ自体」は、大量の機械

や建物といった大量の固定資本を持ち，簡単に潰れないことから，もしくは，簡単に潰すわけにもいかないことから，「固定性」を持つ物象化した存在である。さらに，「会社それ自体」は，大量の機械と建物といった大量の固定資本を持つ大規模な組織であることから，「会社それ自体」は組織の論理が強く貫徹されて存在し続ける「惰性態」であり，物象化した存在である。

　オリンパスは「会社それ自体」であり，大量の固定資本を持ち，ゴーイング・コンサーンという様相を強く持っている。『会社四季報』によれば，事件の発覚する前の2011年3月決算期末のオリンパスの減価償却費は326億円であった（東洋経済新報社　2011：1334）。オリンパスは大量の減価償却費を持っており，従って，大量の固定資本を持っている。オリンパスは大量の固定資本を持つことから，ゴーイング・コンサーンという様相を強く持つ。また，大量の固定資本を持ち，簡単に潰すわけにはいかないことから，オリンパスは「固定性」を持つ物象化した存在である。元社長Ａはオリンパスを簡単に潰すわけにはいかないのである。「公表すれば倒産する可能性が高く，3万人の従業員とその家族を考えると決断できなかった」という元社長Ａの犯行の正当化を，物神崇拝というイデオロギーの水準から離れて，物象化という実在の水準からみてみると，そこには客観的な根拠が存在する。物象化という実在の水準からみることによって，元社長Ａの正当化の深層や本質がより深い水準で客観的な形で明らかになってくる。

　以上みてきた現代資本主義社会における人間の実在条件である「会社それ自体」が物象化された経済は，現代資本主義社会のイデ

オロギーとしての「会社それ自体」の物神崇拝をもたらす。そして，この現代資本主義社会のイデオロギーとしての「会社それ自体」の物神崇拝は，「公表すれば倒産する可能性が高く，3万人の従業員とその家族を考えると決断できなかった」という元社長Aの犯行の正当化のよりどころとなる。

6節　分　析

本章の目的は，オリンパスの組織体犯罪と正当化，「会社それ自体」の物神崇拝という現代資本主義社会のイデオロギーとの関連の考察であった。本章において，次のような事柄が明らかになった。

犯行は，「公表すれば倒産する可能性が高く，3万人の従業員とその家族を考えると決断できなかった」という元社長Aの正当化によって促進された。この正当化は，「会社それ自体」の物神崇拝という現代資本主義社会のイデオロギーをよりどころとしていた。また，「会社それ自体」の物神崇拝は現代資本主義社会における人間の実在条件である「会社それ自体」が物象化された経済によってもたらされた[8]。

「会社それ自体」が物象化された経済という現代資本主義社会における人間の実在条件，「会社それ自体」の物神崇拝という現代資本主義社会のイデオロギーは，正当化を通して，自他からの制裁という犯罪の統制要素を弱めていた。

注——————

1 ）2011年10月，同年11月，同年12月，2012年 1 月，同年 2 月，同年 3
月，同年 4 月，同年 6 月，同年 7 月，同年 9 月，同年11月，2013年 3
月，同年 7 月の朝日新聞，毎日新聞，読売新聞，日本経済新聞。

2 ）オリンパスの金融商品取引法違反（有価証券報告書の虚偽記載）と
いう組織体犯罪に関しては，経済を中心とした月刊誌『FACTA』に
よる本（チーム FACTA　2012），会計学者である加賀谷と鈴木の考
察（加賀谷・鈴木　2012），リスクマネジメントの視点からの法学者
である赤堀の考察（赤堀　2012），会計学者である櫻井の考察（櫻井
2012），会計学者である山田の考察（山田　2013），経営者である井上
泉による考察（井上泉　2013，2015：154-77），警察のキャリア官僚
である樋口による考察（樋口　2014，2015：130-51），ジャーナリス
トである山口による著書（山口　2016），経営学者である稲葉による
考察（稲葉　2017：115-20），会計学者である小俣による考察（小俣
2017：193-211），弁護士である山田と鈴木による考察（山田・鈴木
2018）がある。

3 ）バーリとミーンズは株式所有の分散にともなう経営者の支配，所有
と支配の分離を論じている（Berle and Means　1932＝1957）。この
点は， 4 章 5 節でも取り上げたが，重要な点なので，再び取り上げる。

4 ）個人企業から株式会社へ，株式会社から巨大企業へ，巨大企業にお
ける「会社それ自体」の成立へと至る経緯に関しては北原の論考（北
原　1984）を参照。

5 ）「会社それ自体」は大規模で複雑であり，株主から自立し，現実資
本を所有し，さらに，所有に基づく支配を行っている点が，小規模で
株主に支配されている場合を含む「法人」とは異なるところである。

6 ）ちなみに，高橋は，フェティシズムとは崇拝のことではなく，フェ
ティシズムとは状態のことであると論じている（高橋　1981：158-9,
164-5）。高橋はフェティシズムに関して筆者とは反対の見方をしてい
る。

7）また，人々は「会社それ自体」がその中に入っている鉄筋コンク
リートのビルに，物象化や物化について廣松が論じたところの「固定
化」や「惰性態」，「自存」を見出す。「会社それ自体」における「固
定化」や「惰性態」，「自存」に関しては後述する。

8）「公表すれば倒産する可能性が高く，3万人の従業員とその家族を
考えると決断できなかった」という元社長Aの正当化は，「一般的な」，
「普通な」正当化のように社会的には（即ち，社会のほとんどの人々
には）みえる。逆に，元社長Aが行ったような正当化ではない正当化
のケースの方が少ないと社会的には思われる。「会社を存続させるこ
と」が優先事項となるのは「一般的である」，「普通である」と社会的
には思われる。しかし，「一般的である」，「普通である」と社会的に
思われる点に注意すべきである。「一般的である」，「普通である」と
社会的に思われるほどに元社長Aの正当化は説得力，ほとんどの人々
を納得させる力を持っているのである。そして，その力の源泉は，
「会社それ自体」の物神崇拝，「会社それ自体」が物象化された経済な
のである。

第6章

東芝の不正会計

1節　東芝の不正会計に関して

　本章では，大手電機メーカーである東芝の組織体逸脱を考察する。東芝の組織体逸脱とは，東芝の不正会計である。東芝における経営指示，東芝のイデオロギーに注目して，東芝の不正会計を考察する。本章の目的は，東芝の不正会計と経営指示，東芝のイデオロギーとの関連の考察である。

　東芝の不正会計は刑事事件とはならなかったので，組織体犯罪とは言えないが，その悪質性から，組織体犯罪に準じるものである。東芝の不正会計は組織体犯罪に準じるものとして組織体逸脱と言える。

　本章では，資料として，新聞[1] や他の研究者等が著した文献[2]等を用いる[3]。

　本章では，まず，事件のあらましを論述する。次に，東芝の不正会計における経営指示をみていく。続けて，経営指示のよりどころである東芝のイデオロギーを考察する。さらに，東芝のイデオロギーをもたらした不正会計当時の東芝が直面した実在条件を考察する。最後に，分析を行う。

2節　事件のあらまし

　東芝の不正会計の概略を新聞で報道された第三者委員会報告書全文の要旨からみていく。

　「調査は役職員や会計監査人のヒアリング，電子メールの閲覧などを行った。連結決算の下方修正額は2009年3月期から14年4～12月期で売上高が149億円，税引き前利益は1,518億円。利益水増しの内訳は電力計などのインフラ事業で477億円，映像，パソコン事業の部品取引・経費計上で680億円，半導休事業の在庫で360億円だった。

　インフラ事業では『工事進行基準』と呼ばれる会計基準を適切に用いず，原価の過少計上や売上高の過大計上が行われた。発電所建設の工事原価が13年7～9月期に3億8,500万ドル，10～12月期に4億100万ドル増加するリスクを連結子会社が報告したが，それぞれ6,900万ドル，2億9,300万ドルとして会計処理した。最高財務責任者が裏付けのない原価の増加見積額を計上することを考案し，社長〔以下，社長Aとする〕の了承を得た。業績へのマイナス影響を回避する意図で行われた可能性が高い。

　地下鉄用電機製品の受注では，11年度末の会計処理で当時の社長〔以下，元社長Bとする〕が数十億円の損失見込みを認識していたが，引当金計上を指示した形跡は見当たらない。

　設備更新工事では，社長Aが35億円の損失の計上時期を13年10～12月期ではなく14年1～3月期に行う方針を示した。損失計上を先延ばしする意図があったとみられる。

映像事業では遅くとも08年ごろから，損益目標を達成するため『キャリーオーバー』と称する損益調整で当期利益をかさ上げしてきた。元社長Bは担当部署による収支改善説明に『全く駄目。やり直し』，社長Aは『テレビは何だ，このていたらく。黒字にできないならテレビ事業をやめる』などと発言した。両氏は利益かさ上げを認識していたと認められるが，何らの対応も行っていない。

　パソコン事業では当期利益のかさ上げを目的に，製造委託先に通常より高い価格で無理に部品を買わせる『押し込み』販売が行われた。08年度上半期に当時の社長〔以下，元社長Cとする〕は50億円の利益上積みを『チャレンジ』として求めた。元社長Bは3日で120億円の営業利益改善を求めるなど押し込みを誘発した。社長A就任後はかさ上げ解消が検討されたが，押し込みは継続的に実行された。

（略）

　社長への月例報告会では，社長が『チャレンジ』と称して各カンパニー社長に収益改善の目標値を示し，達成を強く迫った。カンパニー社長は目標必達のプレッシャーを強く受けていた。

　東日本大震災や東京電力福島第1原発事故で極めて厳しい経営環境が続いていた11年度から12年度は，とりわけ不適切会計が幅広く行われた。

　上司の意向に逆らえない企業風土が存在していた。『チャレンジ』の結果，カンパニー社長や従業員らは目標達成のために不適切会計を継続的に実行していた。

　社長や最高財務責任者に至るまで利益を優先するあまり，適切な

会計処理の意識が欠如していたり稀薄だったりした。

（略）

　業績評価部分の割合の高い業績評価制度の存在が，各カンパニーの『当期利益至上主義』に基づく予算や『チャレンジ』達成の動機づけ，プレッシャーにつながった可能性が高い。（後略）」（毎日新聞2015年7月22日朝刊）。

　以上が，新聞で報道された第三者委員会報告書全文の要旨である。

　第三者委員会報告書発表後も東芝の不正会計は次々と露見していく。新聞によれば，「〔東芝は〕09年3月期から14年4～12月期まで約7年間の累計で，2,130億円と説明していた利益（税引き前）の下方修正額について，118億円を追加すると発表。新たに不正な会計処理などが見つかったためで，修正額は計2,248億円に膨らんだ」（毎日新聞2015年9月7日夕刊より）。

　また，新聞によれば，「東芝は15日，不正会計問題に絡んで，新たに7件の不正な会計処理があり，税引き前利益を計58億円かさ上げしていた，と発表した。（略）不正は10年度から14年度にかけ，国内子会社などで行われた」（毎日新聞2016年3月16日朝刊より）。

　東芝の不正会計問題で，金融庁は2015年12月25日東芝に対し，金融商品取引法違反（有価証券報告書などの虚偽記載）により，73億7,350万円の課徴金納付を命じた（毎日新聞2016年12月26日朝刊より）。

　以上みてきたように，東芝は，インフラ事業や地下鉄用電機製品の受注，設備更新工事，映像事業，パソコン事業といった多くの部門で，社長が関与して，不正会計を行い，高い当期利益の計上を行った。東芝の不正会計はほとんど全社的なもので，悪質性は高い。

　不正会計当時の東芝の経営者の言葉として「チャレンジ」が目を
引く。本章では，この「チャレンジ」を東芝の経営指示として捉え
る。また，ウェーバーの動機論とミルズの動機論に基づいて，経営
指示をみていく。

　ウェーバーによれば，社会学とは社会的行為を解釈によって理解
するという方法で社会的行為の過程および結果を因果的に説明しよ
うとする科学である（Weber　1922＝1972：8）。そして，ウェー
バーは社会的行為には意味が含まれているとした（Weber　1922＝
1972：8）。さらに，ウェーバーは意味と関連づけて動機を定義した。

　「『動機』とは，行為者自身や観察者が或る行動の当然の理由と考
えるような意味連関を指す」（Weber　1922＝1972：19）。

　ミルズはウェーバーの動機の定義に基づいて，彼独自の動機論を
展開した。

　「マックス・ウェーバーは，動機とは意味の複合体であると，規
定する。意味の複合体とは，行為者自身もしくは観察者にとって，
その行為のために適切な根拠として映るものである。このような見
解によってとらえられる動機の側面は，その本質的に社会的な性格
である。十分な，あるいは，適切な動機とは，それが他者のもので
あると行為者のものであるとにかかわらず，行為やプログラムにつ
いて問う人を満足させる動機のことである。ある状況におかれた行
為者や他の成員にとって，動機は，ひとつの合言葉として，社会
的・言語的行為にかんする問いへの，疑問の余地のない解答として

役立つ」（Mills　1940＝1971：347）。

「発生的には，動機は，行為者自身によって言語化される前に，他者によって帰属づけされている。母親は，子供に『それをしてはいけません。それは欲ばりというものですよ』といって，統制する。子供は，何をなすべきかを学ぶだけでなく，指示された行為を促進し非難される行為を抑止するような標準化された動機をも，与えられるのである。われわれは，いろいろな状況に対する行為の準則や規範に相伴って，その状況に適した動機の語彙を学ぶ。それは，われわれのことばの一部であり，われわれの行動の構成要素なのであって，まさに，われわれのいうところの動機なのである」（Mills　1940＝1971：350）。

「生涯をつうじて，われわれの動機は自分たちが告白する前に他者からあて推量される。そのばあい，こうした動機用語は，われわれの一般化された他者の構成要素となる。つまり，それらは人によって内面化され，社会統制のメカニズムとして作用する。こうして母親は子供の動機を言い当てていうことをきかせる。たとえば，ある行為は『欲ばり』で他は『お行儀がいい』と言われることによって，子供はどんな行為をすればよいと認められ，何をすれば社会的に受けいれられないかを学ぶのである。彼はまた，標準化された動機を身につけるが，そうした動機はある行為にたいしては公的な褒賞をあたえて承認したり，促進したりし，他の行為にたいしては公然と否定しないように説きふせたり，禁止したりする」（Gerth and Mills　1953＝1970：132）。

「人間の動機づけは，ある社会で安定した納得を与えている動機

の語彙によって，そしてそうした語彙の社会的な変化やゆらぎによって，理解されなくてはならない」（Mills　1959＝2017：273）。

　ミルズによれば，動機の機能の一つは社会統制である。社会的に受けいれられそうな動機は行為を促進する。このように，動機は人間の行為を社会的に統制する。即ち，動機は人間に対する社会統制という機能を持つ。また，この場合の動機は，元々個人に外在していたものが，家庭教育や学校教育等を通じて学習され，個人の中に内面化されるものである。動機は行為を促進するものであることから，動機は行為の前に存在する。

　以上みてきたウェーバーの動機の定義とミルズの動機論に基づき，筆者は動機を次のように定義する。

　〈動機は，行為の当然の理由として社会や集団から付与される意味連関である〉

　行為者自身と他者を含んだ社会や集団から付与される行為の当然の理由，即ち，納得できる理由である動機によって，行為者は自分の行為を推し進める。ある個人がある行為を推し進める場合，その個人にとってその行為に対しての当然のもの，即ち，納得となり，その行為を推し進めていく動機が存在する。

　動機と同じように，経営者が経営という行為を推し進める場合，その経営者にとって経営という行為に対しての当然のもの，即ち，納得となり，経営という行為を推し進めていく経営指示が存在する。経営指示は経営の納得できる方策である。経営指示は経営者にとって経営に対して経営者自身を納得させるものであり，また，経営者にとって望ましいものとみなされることから，経営指示は経営を推

し進める。ミルズは動機を個人に内在する行動の動因として捉えず，動機を語彙として捉えて，動機を行為を推し進めるものとして考察した。本章でも経営指示を言葉，言説として捉えて，経営指示を経営を推し進めるものとして考察する。東芝の場合，「チャレンジ」という経営指示は東芝の経営者にとって経営や不正会計に対して経営者自身を納得させるものであり，また，経営者にとって望ましいものとみなされることから，「チャレンジ」という経営指示は東芝の経営や不正会計を推し進めるものであった。

　「チャレンジ」という経営指示は東芝に個別的，独自なもので，内部で浸透していた。

　小笠原によれば，不正会計を行った東芝の管理職は次のように述べた。

　「不正会計の罪悪感よりも，チャレンジを遂げたという達成感のほうが強かった」（小笠原　2016：120）。

　なお，1990年代後半の東芝の社長（以下，元社長Dとする）の発言によれば，「チャレンジ」という言葉は，1960年代半ばから1970年代初頭にかけての東芝の社長（以下，元社長Eとする）が使い始めた言葉である。「チャレンジ」という言葉は，難しい課題にしっかり取り組めと，そして返事をちゃんと出しなさいということだった（今沢　2016a：50；松崎　2017：119）。

　『東芝百年史』によれば，元社長Eは1965年の社長就任と同時に，ボトムアップの経営方式をとることを明らかにし，権限移譲も徹底して行った。与えられた権限の十二分な行使を求め，上意下達の方途も，「命令」でなく，問題点の指摘にとどまる「チャレンジ」と

し，迅速な反応（クイックレスポンス）を求めた。「チャレンジ・レスポンス」は，当初は元社長Eをはじめトップから事業部長等に対するものであったが，組織間の有機的連係のためには，組織間にも同様のチャレンジ・レスポンスが活発化した（東京芝浦電気　1977：108-10）。

　小笠原によれば，2007年まで東芝に在籍していた私立大学理工学部教授が東芝に在籍していた当時は，不正会計が行われていた雰囲気は感じなかったという。当時の「チャレンジ」は，まさしく難しい技術開発等への果敢な挑戦であり，厳しい競争に打ち勝っていくための健全な取り組みだったという（小笠原　2016：130）。

　大西によれば，元社長Eは東芝に「チャレンジ・レスポンス経営」を取り入れた。日常業務の権限は事業部長に移譲し，事業部長自らが目標を設定してその達成に全力を尽くす。目標が達成できない時は社長が「チャレンジ」と称して事業部長に説明を要求する。チャレンジを受けた事業部長は素早く対応する。これが「レスポンス」である[4]（大西　2017b：37）。

　「チャレンジ」という経営指示は，1960年代半ばから1970年代初頭にかけて東芝の経営を指揮した元社長Eから始まる。その意味は，難しい課題にしっかり取り組み，返事をしっかり出すことであった。元社長Eは「チャレンジ・レスポンス経営」を行った。しかし，この「チャレンジ」の意味は，2005年から2009年にかけて東芝の経営の指揮を取った元社長Cによって変えられた。元社長Cによって，「チャレンジ」は，部下に高い目標を課して競争をあおり，貪欲に成長を求めるもの，不正会計を促進するものへと変化した。元社長

Cはイランで現地採用されて，東芝とイランの合弁会社に入社し，その後，東芝本社に採用された人物である。元社長Cは東芝の経営者としては異例の経歴を持ち，また，積極的，攻撃的で，それ以前の東芝の経営者の中では特異な人物であった[5]。元社長Cによって，東芝は積極的，攻撃的な企業になった。そして，「チャレンジ」の意味も変化していったのである。また，元社長Cが東芝にもたらした積極性，攻撃性は，後述するメガ・コンペティションを特徴とする現在の日本の経済環境であるグローバル資本主義に適合したものであり，東芝は積極的，攻撃的な経営を実行して，高い当期利益の計上を推し進めた。

　また，「チャレンジ」という経営指示（言葉，言説）が不正会計を促進するものであったことは，「不正会計の罪悪感よりも，チャレンジを遂げたという達成感のほうが強かった」という東芝の管理職の発言からも理解できる。

4節　東芝のイデオロギー

　不正会計当時の東芝の経営指示として「チャレンジ」があげられる。そして，「チャレンジ」という東芝の経営指示のよりどころとして東芝に存在した当期利益至上主義というイデオロギーがあげられる。第三者委員会報告書全文の要旨において，東芝には当期利益至上主義が存在したことが取り上げられている。また，第三者委員会報告書全文の要旨において，「元社長Bは3日で120億円の営業利益改善を求める」ことが取り上げられたが，これも東芝に存在した当期利益至上主義の表れである。

ここでは，「チャレンジ」という東芝の経営指示と当期利益至上主義というイデオロギーとの関連を考察していく。

　経営者においてはイデオロギーは現実における具体的な経営へ駆り立てるという側面を持ち，経営指示のよりどころとなる。また，9章6節でみるように，イーグルトンはイデオロギーの特徴として，行動志向性（観念の信奉者たちに目標，動機，規範，命令を授けること）をあげている。イデオロギーは行動志向性という特徴を持っており，人間の頭の中や本の中だけに留まらず，人間に動機を授け，その動機が人間の行為を促進する。経営者においてはイデオロギーは経営指示を授け，その経営指示が経営を促進する。

　東芝の経営指示である「チャレンジ」とは高い当期利益の計上を表すものである。この東芝の経営指示である「チャレンジ」は当期利益至上主義というイデオロギーをよりどころとする。筆者は当期利益至上主義を次のように定義する。

　〈当期利益至上主義とは，当期の利益に至上の価値をおくイデオロギーである〉

　「グローバル化」が金科玉条とみなされた2010年代前半においては，激化した国際競争が経営者を含めた日本人の切迫感をかき立て，高い効率性を通じた積極的な利益獲得が求められた。高い効率性を通じた積極的な利益獲得が，東芝を含めた日本企業が激化した国際競争という経済環境で生き残るためには急務で絶対に必要なことであると露骨に声高に主張され，至上の価値がおかれたのである。激化した国際競争下で，当期利益至上主義というイデオロギーの持つ説得力はあまりにも大きかった。

9章6節でみるように，イーグルトンはイデオロギーの特徴として，自然化（イデオロギーが，その信念を自然なもの，自明なものとみせかけること，社会の「常識」と一致させ，それ以外の信念を想像できないようにさせること）をあげている。

　イデオロギーは自らを「自然なもの」，「当然のこと」，「当たり前のこと」，「自明なこと」であるとし，さらに，自らを「必然的なこと」であるとし，それ以外のオルタナティブな言説を排除しようとする特徴を持つ。東芝を含めた日本企業において，当期利益至上主義は自明視されていた。つまり，イデオロギーの特徴である自然化が極大化されていた。そして，当期利益至上主義をよりどころとする「チャレンジ」という経営指示も，その納得度や望ましさが極大化され，「チャレンジ」という経営指示は不正会計を強力に推し進めた。

　ここで，『東芝百年史』から，当期利益至上主義以前の東芝のイデオロギーをみていく。

　1940年代末から1950年代初頭にかけての東芝の社長（以下，元社長Fとする）は，一般従業員には企業整備の真にやむをえないこと，東芝再建に従業員全体の協力が必要なこと，生産増強・品質向上が第一であること等，幹部会の席上，工場視察のおり，あるいは労連幹部と膝をつき合わせながら，おりにふれ，時に臨み，うむことなく自信をもって説き，労働問題解決に積極的態度で臨んだ（東京芝浦電気　1977：69-70）。

　1940年代末から1950年代初頭の元社長Fの時代は終戦直後であり，東芝のイデオロギーは生産増強至上主義，品質向上至上主義であっ

た。

元社長Eは1965年の社長就任にあたり従業員に対する挨拶の中で，「組織活動のバイタリティー」と「移譲された権限は十分に行使せよ」という会社運営上緊要な2つの基本事項について要望した（東京芝浦電気　1977：108-9）。

1960年代半ばから1970年代初頭にかけての元社長Eの時代は，日本は高度成長期であり，東芝のイデオロギーはバイタリティー重視主義と分権主義であった。

また，東芝は，1965年度・1966年度の中期経営計画を立て，資産の効率化，生産体制の確立，経営管理体制の確立，技術開発の強化，販売体制の整備強化を五重点項目とし，強力に推進した（東京芝浦電気　1977：113-114）。

1969年，元社長Eが年頭の訓示で最も強く要請したものに，事業部の自主独立体制の強化と並んで「自主技術の確立」があった（東京芝浦電気　1977：141）。

1960年代後半，東芝のイデオロギーの1つとして技術革新主義があげられる。

1970年代半ばの東芝の社長（以下，元社長Gとする）は，1972年社長就任の挨拶で幹部一同に対し，重電部門，産業用エレクトロニクス部門に力を入れ，家電部門にも大きな期待を持ち，家電部門では新製品の開発を一段と強化することを述べた（東京芝浦電気　1977：173-4）。

1970年代半ばの元社長Gの時代も，東芝のイデオロギーの1つとして技術革新主義があげられる。

東芝は，1973年，「東芝は，人間尊重の立場に立って新しい価値を創造し，豊かで健康的な生活環境づくりに努め，以て人類社会の進歩発展に貢献することを経営理念とする」という経営理念と，「① 東芝は顧客第一，消費者志向に徹する。② 東芝は世界企業を志向し国際的視野に立って企業経営を行う。③ 東芝は国の内外ともに地域との協調連携をはかる。④ 東芝は社員に自己実現の場を与えその資質を最大限に発揮させる。⑤ 東芝は伝統あるシステム技術を駆使して時代の先取りを行う。⑥ 東芝は資源の有効活用に積極的に取り組む。⑦ 東芝は公害をなくし自然との調和をはかる。⑧東芝は公正な利潤を確保し株主，社員および社会に報いる」という経営方針の明文化を決定した（東京芝浦電気　1977：175）。

　1973年に明文化した東芝の経営理念と経営方針からも，東芝のイデオロギーの1つとして技術革新主義[6]があげられる。また，1973年に明文化した東芝の経営方針の1つとして，公正な利潤の確保があげられているが，あくまで，数ある経営方針の1つであり，また，利潤（利益）には「公正」という言葉も加えられており，当時，東芝のイデオロギーは当期利益至上主義であったとは言えない。

　1975年の東芝創立百周年記念式典で，元社長Gは，東芝の創業者の「余は今，国家に有用なる機械を製造して奉公の誠をつくし，世の公益を広めんことを期す」という言葉を，新世紀に臨む東芝の基本理念として味わってみたいと述べた（東京芝浦電気　1977：209-10）。

　1975年の東芝創立百周年記念式典から，東芝のイデオロギーとして，技術革新を通じた国益主義と公益主義があげられる。

東芝のイデオロギーは，以上のような変遷をたどって，2009年から2014年の不正会計を行った時には，当期利益至上主義となっていた。

5節　グローバル資本主義

　ここでは，不正会計当時の東芝が直面した実在条件である現在の日本の経済環境を考察する。東芝に存在したイデオロギーである当期利益至上主義は，不正会計当時の東芝が直面した実在条件である現在の日本の経済環境，即ち，グローバル資本主義によってもたらされたものである。以下，グローバル資本主義に関して考察していく。

　鶴田によれば，20世紀の80年代ごろから21世紀にかけての世界を特徴づけている最も重要な政治経済的現象は，グローバリゼーションである。この現代のグローバリゼーションの中での資本主義のあり方（存在様式）が，グローバル資本主義にほかならない。グローバリゼーションは，まず，資本・商品・サービス・労働力・技術・情報といった諸資源の国際的移動の増大といった実態にあらわれている（鶴田　2005：62-3）。

　また，鶴田によれば，1970年代における金・ドル交換の停止，第一次石油危機そしてスタグフレーションは，第二次世界大戦後の現代資本主義の発展における分水嶺となった。これらを契機にして，とくに先進資本主義国においては，産業構造は重化学工業中心から軽薄短小の情報技術関連産業中心に転換し，雇用・労働のあり方も個別分散的・伸縮的となり，変動相場制の採用による金融の自由化，

資本移動の自由化によって経済の金融化が進み，経済政策もケインズ主義的需要管理政策から新自由主義が主流を占めてくるのである。このような変質を遂げた現代資本主義の新たな局面をわれわれは，「グローバル資本主義」と呼んでいる。1990年前後のソ連・東欧の体制転換と湾岸戦争における米国の勝利は，グローバル資本主義における米国の主導性を決定づけた（鶴田　2009：21，153-4）。

　柴垣によれば，グローバル資本主義の本質は，新自由主義による国際的な為替及び資本取引の自由化を背景として，先進諸国の超国籍・多国籍企業に顕著にみられる海外直接投資と生産の国外移転（海外へのアウトソーシング）が，BRICs に代表される新興工業諸国の工業化と結びつくことによって，資本主義の基本的矛盾の基礎をなす労働力商品の供給制約が大幅に解除されたところに求められる。グローバル資本主義の一環としての産業グローバリゼーションの本格化は，1990年代以降の BRICs の工業化と結びついたものであるが，その直接の前史は1970年代の NIEs における工業化政策の輸入代替から輸出志向への転換と，その具体化として推進された「工業特区」の設置，そこへの外資の積極的導入に始まる。NIEs の経験は，1980年代以降は ASEAN 諸国に引き継がれ，さらに1990年代以降は BRICs に引き継がれ，今日に至る産業グローバリゼーションをもたらした（柴垣　2008）。

　飯田によれば，グローバリゼーションはまず最初の流通過程のプロセスにおいて「経営資源調達の国際化」として捉えられ，ついでその生産過程において「生産の国際化」として，そして最終段階の流通過程において「商品販売の国際化」として捉えられる。つまり，

この調達，生産，販売という3つの資本の活動領域における国際化がグローバリゼーションの特質なのである。生産の国際化は，各個別資本にとってはいわゆる世界最適地「生産」を追求する形で展開される。そして，それを可能にする客観的技術的条件も，この段階ではコンピュータ制御生産によって，世界のどこに拠点を移しても本国と同じように生産を可能にする技術が既に確立されていることも重要である（飯田　2010：42）。

　また，飯田によれば，現代資本主義は，1970年代を境に，現代資本主義の前半期の福祉国家体制から現代資本主義の後半期のグローバル資本主義という新しい時代に移行していく。もっとも，この新しい時代への移行が誰の目にも明らかになったのは，1990年代の初頭にソ連・東欧の社会主義体制が崩壊し，いわば地球規模での資本主義化を背景としてグローバルな大競争（「メガ・コンペティション」）が展開されるようになってからであろう（飯田　2011：215）。

　河村によれば，「グローバル資本主義」の現象の重要な側面の1つは，市場経済が世界的に拡大し，世界をすべて覆うかに現れていることである。経済思想的にも「市場（原理）主義」が大きく力を増している。それは，戦後パックス・アメリカーナに特徴的であった，資本主義経済過程に対する国家機能が後退し，市場経済が社会経済のますます幅広い領域に拡大し，地理的にも世界的に拡大している事態である（河村　2003：29）。

　また，河村によれば，「グローバル資本主義」の展開は，「パックス・アメリカーナ段階」の「変質期」としてその歴史的位相が理論的に解明できる。すなわち，「グローバル資本主義」とは，パック

ス・アメリカーナ段階の中心を占めたアメリカの，「持続的成長」
をもたらした戦後の資本蓄積体制が，1960年代末から衰退し，大き
く再編・転換する関係を基本動因とするものと捉えることができる。
しかもそのプロセスは，グローバルな規模の資本蓄積体制として
「グローバル成長連関」の出現を伴いながらも，その制度不備・シ
ステム欠陥から，グローバル金融危機・経済危機を発現させた（河
村　2016：58）。

　以上の鶴田，柴垣，飯田，河村の考察から，筆者はグローバル資
本主義を次のように定義する。

　〈グローバル資本主義とは，資本の移動が国際的に，全面的に自
　由で，調達や生産，販売が国際化し，最適地で調達や生産，販売
　が行われる資本主義である〉[7]

　また，本章では，ブレナーの第二次世界大戦後の先進資本主義諸
国の経済分析（Brenner　1998，2002＝2005，2004）に基づき，現在
の日本の経済環境であるグローバル資本主義を考察していく。

　なお，ブレナーの分析を図式化すると次のようになる。「世界的
な生産規模拡大（コストが相対的に低い後発国製造業者の世界市場へ
の進出と，コストは相対的に高いが大量の支払い済みの固定資本と占有
権のある資産〔納入業者や顧客とのあいだで長年築き上げてきた関係，
長年にわたって積み上げてきた技術的知識〕を持つ先発国製造業者の世
界市場からの退出の拒否）→世界的な過剰生産→国際競争の激化→
価格低下→利潤率低下」[8]。

　また，ブレナーの考察と似たものをウォーラーステインも行って
いる。ウォーラーステインによれば，資本家にとって問題だったの

は，独占というものはすべて，自崩するということであった。その独占が，政治的にどんなにうまく守られていても，世界市場に新たな生産者が参入できるかぎり，必ずそうなった。もちろん，参入は容易ではなかったし，時間も必要であった。しかし，遅かれ早かれ，他の人びとが障害を乗り越え，市場に参入することができる。その結果，競争がいっそう激しくなる。資本主義を宣伝したい人たちがつねにいっているように，競争が激しくなれば，価格は低下する。しかし，同時に利潤も低下する（Wallerstein ［1989］2011＝2013：xiv）。

現在の日本の経済環境であるグローバル資本主義を考察していく。現在，韓国や台湾，中国等後発国の製造業者が積極的に世界市場に進出している[9]。このことは世界的な生産規模拡大を意味する。世界的な生産規模拡大は世界的な過剰生産傾向を生み出す。世界的な過剰生産傾向は製造業者間の国際競争を激化させる（メガ・コンペティションの発生）。国際競争の激化は価格低下傾向，利潤（利益）率低下圧力という経済状況をもたらす。このような現在の日本の経済環境であるグローバル資本主義において，東芝には当期利益至上主義というイデオロギーが存在した。

ところで，なぜ東芝は不正会計を行ってまで当期利益至上主義を固持したのであろうか。当期利益至上主義の固持に関してはリッツアのマクドナルド化論が参考になる。マクドナルド化は合理性の持つ有利な点（さまざまな商品の利用可能性の増大等）を提供し，人々はその合理性にのめり込んでゆき，この執着によって人々はマクドナルド化の不利な点（食事をする場所の脱人間的環境への変化等）を

無視し見落とすようになる（Ritzer ［1993］1996＝1999：35-41，234）。そして，マクドナルドそれ自体は，他のマクドナルド化システムと同じように，文化的なイコンになった（Ritzer 1998＝2001：329）。2000年代末から2010年代前半にかけて，東芝は高い当期利益の計上にのめり込んでいった。その一方，東芝は高い当期利益の計上の裏にあった不正会計を無視した。また，マスコミは当期利益が高い企業を「勝ち組」や「現在のグローバル化した経済でも強い日本企業」として喧伝した。このマスコミの喧伝は，ナショナリズム的で，扇情的であった[10]。「勝ち組」や「現在のグローバル化した経済でも強い日本企業」は，激しい国際競争の中で成長しようとする日本企業にとってイコンとなった。その構図は，日本の輸出攻勢にアメリカが苦しんでいた1980年代にマクドナルドが「エクセレントカンパニー」とアメリカでみなされていた状況（Peters and Waterman 1982＝1986：31-69）と類似していた。こうして，東芝を含めた日本企業は「勝ち組」や「現在のグローバル化した経済でも強い日本企業」を目指して，当期利益至上主義を固持した。東芝は歴代社長から経団連会長を 2 名も輩出した日本を代表する大企業，名門企業である（児玉 2017：10）。歴代社長から経団連会長を 2 名も輩出した名門企業として，東芝は高い当期利益を計上できなかったり，低迷してはならなかった。また，マスコミによる日本人へのナショナリズム的な喧伝や扇情によって，東芝は日本を代表する大企業として，高い当期利益を計上し，「勝ち組」や「現在のグローバル化した経済でも強い日本企業」になるよう宿命づけられていた。マスコミから見ても，一般の日本人から見ても，東芝が高い当期利

益を計上できず，低迷することは日本の低迷を表し，避けなければならなかった[11]。こうして，東芝は当期利益至上主義を固持した[12]。

6節　分　析

　本章の目的は，東芝の不正会計と経営指示，東芝のイデオロギーとの関連の考察であった。本章において，次のような事柄が明らかになった。

　東芝の不正会計は，「チャレンジ」という東芝に個別的で，独自な経営指示によって促進された。この経営指示は当期利益至上主義という東芝のイデオロギーをよりどころとした。当期利益至上主義は不正会計当時の東芝が直面した実在条件である現在の日本の経済環境，即ち，グローバル資本主義によってもたらされた。

　なお，5章で，筆者はオリンパスの金融商品取引法違反（有価証券報告書の虚偽記載）を考察した。オリンパスの金融商品取引法違反（有価証券報告書の虚偽記載）は，「公表すれば倒産する可能性が高く，3万人の従業員とその家族を考えると決断できなかった」というオリンパスの元社長Aの正当化によって促進された。この正当化は「会社それ自体」の物神崇拝という現代資本主義社会のイデオロギーをよりどころとした。オリンパスに比べて，東芝はより大規模かつ積極的にグローバル化し，グローバル資本主義の影響を大いに受けて，当期利益至上主義に陥り，不正会計を行った。

　東芝の不正会計は，「チャレンジ」という東芝に個別的で，独自な経営指示（言葉，言説）によって直接促進され，また，経営指示を媒介にして，当期利益至上主義というイデオロギー（言説）に

よって，間接的に促進された。東芝の不正会計に関しては，ジャーナリストによる著書において，アメリカにある東芝の子会社である原子力会社の経営が不振であることの穴埋めとして不正会計が行われたという指摘がある。この指摘は東芝の不正会計の構造論的な考察，東芝の不正会計の個別的な構造的原因の考察である。このような既に他者によって行われている考察に，本章のオリジナルである言説論的な考察を加えれば，東芝の不正会計を多面的に捉えることができる。

注————————————————

1）2015年4月，同年5月，同年6月，同年7月，同年8月，同年9月，同年10月，同年11月，同年12月，2016年1月，同年2月，同年3月，同年4月，同年5月の朝日新聞，毎日新聞，読売新聞，日本経済新聞。

2）東芝の不正会計に関しては，ジャーナリストによる著書（今沢 2016a, 2016b, 2017；小笠原 2016；大西 2017a：49-85, 2017b；松崎 2017；大鹿 2017；児玉 2017），経済を中心とした月刊誌『FACTA』による本（FACTA編集部 2017），経営者である今井による著書（今井 2016），経営学者である稲葉による考察（稲葉 2017：128-135），会計学者である橋本による論文（橋本 2017：229-50），弁護士である山田と鈴木による考察（山田・鈴木 2018）がある。

3）筆者は東芝の第三者委員会報告書をインターネット上で読んだ。毎日新聞で掲載された第三者委員会報告書全文の要旨に比べて，インターネット上で公開された東芝の第三者委員会報告書の記述は詳細だが，主要な点や重要な点において両者に差異はない。従って，インターネット上で公開された東芝の第三者委員会報告書を資料として用

いた場合でも，本章の論述が変化することはない。東芝の第三者委員会報告書はインターネット上での公開であり，今後，非公開となり，アクセスできない可能性がある。アクセスできなくなれば，誰もが検証できる調査の信頼性が失われる。資料としてインターネット上で公開された東芝の第三者委員会報告書を用いることには，今後，東芝の第三者委員会報告書が非公開となるリスクがある。従って，インターネット上で公開された東芝の第三者委員会報告書を本章の資料としては用いない。

4）以上みてきた大西らジャーナリストの著書の言説を分析すると，ジャーナリストが東芝内での「チャレンジ」に着目して，その「チャレンジ」の意味の変化に注目していることが分かる。

5）元社長Cの経歴や言動，元社長Cが東芝に与えた影響に関しては，児玉の著書を参照（児玉　2017）。

6）東芝を含めた日本の家電業界には技術革新主義というイデオロギーがあった。技術革新主義とは，家電メーカーが技術革新に高い価値をおくことを意味する。

　井本によれば，昭和40年代には家電量販店の有力グループも「JES」の名でテレビや洗濯機，掃除機などのPB商品を出している。しかし，このPBも売れ行きは伸びず，店頭在庫が増え，45年には「JES」のブランドの新規発注の停止を余儀なくされる。2つの事実は家電製品のように技術革新が激しい分野では，PBの低価格より開発力のあるメーカーの商品力，ブランド力がモノを言うということを示している（井本　1994a：108）。

　また，井本によれば，元々省資源型の商品である，技術革新性が強いという商品特性に加えて，積極的に省力化，省エネ化を進めたことが功を奏し，家電産業は他の産業に先駆けて石油ショックから立ち直った。また，多大の合理化努力と商品開発努力の結果として輸出競争力が一層，高まった（井本　1994b：279）。

　さらに，井本によれば，家電は技術革新の激しい産業で，長期的に

新製品，新市場の拡大が期待される。しかし，携帯電話やカーナビゲーションシステムなど一部を除くと，90年代前半はめぼしい大型商品はみられない（井本　1994c：97）。

　以上みてきたように，東芝を含めた日本の家電メーカーは，家電業界のイデオロギーとして技術革新主義を持っていた。しかし，1990年代以降，東芝を含めた日本の家電メーカーは技術革新に基づく大ヒット商品を生み出していない。技術革新に基づく大ヒット商品はアメリカ発のものが多い。

7）なお，グローバル資本主義において重要な空間となるのが，ニューヨークやロンドン，東京等といったグローバル・シティである。サッセンによれば，グローバル・シティは，世界経済を組み立てるうえでの指令塔が密集し，金融セクターと専門サービス・セクターにとり重要な場所となり，金融や専門サービスという主要産業における生産（イノベーションの創造も含む）の場所として機能するようになり，生み出された製品とイノベーションが売買される市場としての機能も加わった大都市である（Sassen　[1991] 2001＝2018：44-5）。

8）ブレナーは1970年代の先進資本主義国の製造業者に関して次のように論じている。

　「支払い済みの大量の固定資本を所有しているので，たとえ自分たちの総資本に対する利潤率が低下したとしても，可変的資本（賃金，原材料および中間財）の追加支出に対して，引き続き少なくとも平均利潤率を獲得することができるかぎり，製造業者は引き続き自分の分野でやっていこうとする強い動機を持つ。埋没有形資本（もちろんこれも，いつかは使い尽くされるのであるが）のほかにも，製造業者の手には，苦労して手に入れた『占有権のある』資産─定義上，他の産業に移転することはできない─も大量に保有されていた。このなかには，納入業者や顧客とのあいだで長年築き上げてきた関係だけでなく，とりわけ，その事業で長年にわたって積み上げてきた技術的知識も含まれている。したがって，利潤率を最大化するために製造業者が切望

したのは，新しい産業分野へ資本を移転させることではなく，自分た
ちの産業分野への投資を強化することで技術革新を加速させること
だったようである」（Brenner　2002＝2005：52-3）。

9）大西は韓国や台湾，中国の電機メーカーの世界市場での席巻を論じ
ている（大西　2017a：10-21）。経済を中心とした月刊誌『FACTA』
によれば，2010年，半導体や液晶パネル，薄型テレビ等は韓国や台湾
勢に市場を席巻されてしまった（FACTA編集部　2017：62）。大鹿
によれば，DVDにおいて，2000年以降，安価な中国製品が先進国市
場に流れ込み，日本メーカーの市場を猛烈な速さで蚕食し，日本勢を
駆逐していった（大鹿　2017：62-3）。また，大鹿によれば，2001年
以降，半導体メモリーDRAMで東芝はグローバル競争にさらされた
（大鹿　2017：108-10）。さらに，大鹿によれば，2004年において，パ
ソコンの完成品メーカーにはもはや性能面で競争力はなく，後発の中
国メーカーが安い人件費と大量製造を武器にして，市場を席巻する時
代に突入しつつあった（大鹿　2017：114-7）。児玉によれば，2004年，
アメリカ企業等との価格競争に敗れた結果，東芝はパソコン事業で赤
字に陥った（児玉　2017：222）。

10）ナショナリズムは日本の資本家階級の指導理念（イデオロギー）で
あると渡辺雅男は考察したが（渡辺雅男　2004：170），マスコミの喧
伝にも注意したい。

11）今回の不正会計によって東芝が経営危機に陥った時に，マスコミや
一般の日本人が騒然としたことからみても，東芝が日本を象徴する大
企業であることが分かる。

12）なお，リッツアによれば，合理化されたファストフード・レストラ
ン等の新しい消費手段は空想的なものを排除し，脱魔術化をもたらす。
従って，新しい消費手段はスペクタクルの創出によって再魔術化し，
人々を魅了しようとする（Ritzer　[1999]　2005＝2009：164-74）。ま
た，マクドナルド化は無（特有な実質的内容を相対的に欠いており，
概して中央で構想され，管理される社会形態）をもたらす（Ritzer

2004＝2005：4，175）。当期利益至上主義も利益という数字を求める
という冷淡さによって脱魔術化をもたらすが，マスコミは，「勝ち組」
や「現在のグローバル化した経済でも強い日本企業」というナショナ
リズム的な喧伝によって再魔術化し，人々を魅了しようとした。また，
当期利益至上主義は利益という数字，即ち，数字という形式的なもの
にのみ至上の価値をおき，実質的内容が欠如していることから，マス
コミは，「勝ち組」や「現在のグローバル化した経済でも強い日本企
業」を実質的内容に据えて，当期利益至上主義にナショナリズムの要
素を付け加えた。

第 7 章

日本大学アメリカンフットボール部
悪質タックル事件

1節　日本大学アメリカンフットボール部悪質タックル事件に関して

　本章では，大学のアメリカンフットボール部である日本大学アメリカンフットボール部の組織体逸脱を考察する。組織体逸脱とは，日本大学アメリカンフットボール部悪質タックル事件である。本章の目的は，日本大学アメリカンフットボール部悪質タックル事件と正当化，日本大学アメリカンフットボール部のイデオロギーとの関連の考察である。また，本章では，資料としては新聞[1]や週刊誌を用いる[2]。

　日本大学アメリカンフットボール部悪質タックル事件は犯罪とは言えず，ホワイトカラー犯罪の一類型である組織体犯罪とは言えない。しかし，日本大学アメリカンフットボール部悪質タックル事件は，質が悪く，組織体犯罪に近似したものである。日本大学アメリカンフットボール部悪質タックル事件は組織体逸脱と言える。

　本章では，まず，事件のあらましを論述する。次に，日本大学アメリカンフットボール部悪質タックル事件における正当化をみていく。続けて，正当化のよりどころである日本大学アメリカンフットボール部のイデオロギーを考察する。また，日本大学アメリカン

フットボール部のイデオロギーをもたらした日本大学アメリカン
フットボール部の実在条件を考察する。さらに，日本大学アメリカ
ンフットボール部のイデオロギーに含まれていた強い意志を考察す
る。最後に，分析を行う。

2節　事件のあらまし

　日本大学アメリカンフットボール部の悪質タックル事件のあらま
しをみる。

　2018年5月6日に行われたアメリカンフットボールの日本大学と
関西学院大学の定期戦で，関西学院大学の選手（以下，選手Aとす
る）がパスを投げ終え無防備になった背後から，日本大学守備選手
（以下，選手Bとする）が激しくタックルした。選手Aは膝等に全治
3週間の怪我を負った（読売新聞2018年5月15日朝刊）。

　日本大学アメリカンフットボール部の悪質タックル事件に関して，
新聞で報道された日本大学の第三者委員会中間報古書骨子からみて
いく。

　日本大学の監督（以下，監督Cとする）は選手を精神的に追い込
む指導を取り，意見を述べることは許されない雰囲気だった。普段
から反則行為を容認するような指導をしていた。選手Bは監督C，
日本大学のコーチ（以下，コーチDとする）から過酷な指導を受け
る中で危険タックルを指示され，実行した。コーチDの指示は極め
て具体的で，実行を命じたものにほかならない。監督Cとの力関係
からして，独断の指示とはいえない。監督Cも試合後の囲み取材な
どで指示を肯定している（朝日新聞2018年6月30日朝刊）。

日本大学の第三者委員会は記者会見で次のように述べている。

　反則行為後のミーティングでの監督Cの発言に関して，「あのプレーは俺が指示した。何か言われたら監督の指示だと言え。責任は俺がとる」と，複数の選手が証言した（朝日新聞2018年6月30日朝刊）。

　また，日本大学の第三者委員会は，常務理事だった監督Cが，保健体育審議会の事務局長という立場を利用して体育局を支配したと指摘した（朝日新聞2018年7月31日朝刊）。

　怪我をした選手Aの父が2018年5月31日，監督CとコーチDの2人について，警視庁調布署に傷害容疑で告訴状を提出し，受理された（毎日新聞2018年6月1日朝刊）。

　2019年2月5日，警視庁は監督CとコーチDに傷害容疑はなかったと判断し，捜査書類を東京地方検察庁立川支部に送付した。警視庁は監督CとコーチDの指示に傷害の意図がなかったと結論づけた（毎日新聞2019年2月6日朝刊）。

　東京地方検察庁立川支部は2019年11月15日，傷害容疑で刑事告訴されていた監督CとコーチDを不起訴処分とした。監督CとコーチDは容疑不十分。立川支部は処分理由について，監督CとコーチDは「（選手を含めた）3者のやりとりなどを捜査した結果，選手との共謀を認めるには疑いが残ると判断した」と説明した（毎日新聞2019年11月16日朝刊）。

　日本大学の第三者委員会と警視庁や東京地方検察庁立川支部との間で判断が分かれたが，本章では，複数ある判断の中で，日本大学の第三者委員会の判断は詳しく，信用が置けると考えて，日本大学の第三者委員会の判断を採用する。

日本大学アメリカンフットボール部の悪質タックル事件は，質が悪く，組織体犯罪に近似したものである。1章3節で定義したように，組織体犯罪とは，合法的な職業についている人物が，組織の利益を目的としてその職業上行う行為から構成される，合法的な組織を主体とする合法的な組織自体の犯罪である。日本大学アメリカンフットボール部の悪質タックル事件は，選手Bが，日本大学アメリカンフットボール部を有利にするという目的で，アメリカンフットボールの試合という合法的な行為の中で行われた，日本大学アメリカンフットボール部という合法的な組織を主体とする合法的な組織自体の逸脱である。従って，日本大学アメリカンフットボール部の悪質タックル事件は組織体犯罪に近似し，組織体逸脱と言える。

3節　日本大学アメリカンフットボール部悪質タックル事件における正当化

　日本大学アメリカンフットボール部の悪質タックル事件においては，監督Cの「何か言われたら監督の指示だと言え。責任は俺がとる」という言葉が存在する。本章では，この「何か言われたら監督の指示だと言え。責任は俺がとる」を正当化として捉える。

　監督Cは，悪質タックルに関して「何か言われたら監督の指示だと言え。責任は俺がとる」と正当化して，選手たちに対する非難を和らげようとした。このように，監督Cは選手たちに対して反則行為を容認するような指導をした。監督Cは悪質タックルを促進するような正当化を行った。

　なお，日本大学の第三者委員会最終報告書は，当時日本大学の理事で日本大学アメリカンフットボール部OB（以下，理事Eとする）

が選手Ｂと父親を呼び出してタックルの指示の「口封じ」を図り，「(同意してくれれば) 私が，大学はもちろん一生面倒を見る。ただそうでなかったときには，日大の総力を挙げてつぶしにいく」と脅迫したことを明らかにした。理事Ｅは監督Ｃと近しい関係で知られ，2018年７月４日付で辞任した (毎日新聞2018年７月31日朝刊)。

　反則行為後のミーティングで，監督Ｃは「あのプレーは俺が指示した。何か言われたら監督の指示だと言え。責任は俺がとる」と発言して，正当化した。しかし，日本大学アメリカンフットボール部の悪質タックル事件がマスコミで取り上げられて，大きな社会問題となると，理事Ｅが「口封じ」を図るという行為に出た。選手Ｂを含めて日本大学アメリカンフットボール部の選手たちは大人たちに翻弄された。

4節　日本大学アメリカンフットボール部のイデオロギー

　前節でみたように，日本大学アメリカンフットボール部の悪質タックル事件における正当化として「何か言われたら監督の指示だと言え。責任は俺がとる」があげられる。そして，この正当化のよりどころとして，日本大学アメリカンフットボール部が持っていた独裁主義というイデオロギーがあげられる。

　関東学生アメリカンフットボール連盟専務理事は「白いものでも監督Ｃが黒と言えば黒なんだ，と公言するコーチもいた。(こうした状況に) 嫌気が差して，昨年春には約20人の選手がチームを去った」と明かした (読売新聞2018年５月30日朝刊)。

　監督Ｃは日本大学アメリカンフットボール部を独裁的に支配し，

コーチや選手たちは監督Cに対して絶対的に服従していた。日本大学アメリカンフットボール部は独裁主義に陥っていた。筆者は独裁主義を次のように定義する。

〈独裁主義とは，独裁的な支配者や指導者に被支配者や被指導者が絶対的に服従するイデオロギーである〉

「何か言われたら監督の指示だと言え。責任は俺がとる」という監督Cの正当化は独裁主義を表す。監督Cは，独裁主義をよりどころとする「何か言われたら監督の指示だと言え。責任は俺がとる」という正当化を行った。

5節　監督の大学内における絶大な権力

　本節では，悪質タックル事件当時における日本大学アメリカンフットボール部の実在条件を考察する。日本大学アメリカンフットボール部の実在条件として監督Cの大学内における絶大な権力があげられる。

　監督Cは2003年に日本大学アメリカンフットボール部の監督に就任した。現役時は攻撃ラインの一人として活躍した。関東大学リーグの入れ替え戦に出るほど低迷したチームを再建するため，大学の付属校の指導者に頭を下げて選手を勧誘した。グラウンドに人工芝を張る等環境も整備した。2007年に17年ぶりに関東制覇。1年のブランクを経て監督に復帰した2017年，関西学院大学を破り，1990年以来の学生日本一になった。秋のシーズンに入るまで実戦形式の練習前に計2,500ヤード（約2,300メートル）以上をダッシュさせた猛特訓が実り，「長かった」と涙した（朝日新聞2018年5月20日朝刊）。

日本大学アメリカンフットボール部関係者いわく。「監督Cは八年前に保健体育事務局長に就任，十四年からは人事部長も兼務し，翌年には理事に選出されています。そして昨年九月，常務理事に選出され，日大の事実上のナンバー2となったのです。カネと人事を司る立場の監督Cに，学内で逆らえる人はいません（後略）」（『週刊文春』2018年5月31日号）。

　日本大学の理事長（以下，理事長Fとする）は日本大学相撲部で学生横綱となり，卒業後は大学職員を務め，3度のアマチュア横綱になった。大学の常務理事等を経て2008年から理事長を務める。力を持った背景に，1968年の日大全学共闘会議（全共闘）をあげる大学関係者は多い。大学の不正経理問題に学生が反発し，校舎を占拠。日本大学側は体育会学生を動員して運動を抑えさせた。それで，学校法人の中で体育会出身者の発言力が大きくなったという（朝日新聞2018年7月31日朝刊）。

　私大事情に詳しい教育関係者いわく。「日大当局は学生運動を抑え込もうと，〔1968年の日大〕闘争後も体育会の学生を利用してきた。職員として採用され，大学運営を長年担ってきた人もいるくらいです」（『週刊朝日』2018年6月15日号）。

　国立大学では教授会が力を持ち，職員らの発言力が相対的に弱いことが多い。日本大学では体育会出身の職員が先輩・後輩の関係の中で多数派を形成し，出世してきた。今のトップの理事長Fは相撲部，監督Cはアメリカンフットボール部の出身で，人事や予算面で絶大な力を持っていたという（『週刊朝日』2018年6月15日号）。

　監督Cはコーチ陣の大半を学内の職員として採用し，生活を保障

しながら人事権を後ろ盾に支配し，上意下達の体制を築いた（『サンデー毎日』2018年6月17日号）。

　日本大学の歴史や状況の結果，監督Cは大学内において絶大な権力を持っていた。この監督Cの大学内における絶大な権力という日本大学アメリカンフットボール部の実在条件が独裁主義というイデオロギーをもたらした。

6節　独裁主義，勝利至上主義と意志

　日本大学アメリカンフットボール部は，悪質タックル事件当時，独裁主義の他に，勝利至上主義というイデオロギーも持っていた。日本大学アメリカンフットボール部は悪質なタックルを行ってまでも勝とうとする，勝利至上主義に陥っていた。筆者は勝利至上主義を次のように定義する。

　〈勝利至上主義とは，勝利に至上の価値をおくイデオロギーである〉

　4章7節でみたように，筆者は意志を次のように定義する。

　〈意志とは，自由，自律，無制限を特徴とする人間の創造能力である〉

　意志は自由で，自己自身のみを原則としている，つまり，自律的である。自律は自己自身のみへの固執，他者に対する押しの強さをもたらす。従って，意志は自己自身のみに固執するもの，他者に対する押しの強さを持つものである。

　日本大学アメリカンフットボール部の独裁主義には監督Cの自己の独裁的な支配への固執，勝利至上主義には自己の勝利のみへの固

執といった強い意志がみられる。また，悪質タックルには，社会の
ルールを無視してまでも，自己の勝利のみへ固執するという強い意
志がみられる。

　意志は日本大学アメリカンフットボール部の独裁主義や勝利至上
主義にだけみられるものではない。最近，スポーツ活動に積極的な
大学が少なくないが，そこには，自身の大学のみが勝利すればよい，
自身の大学のみが活躍すればよいといった意志がみられる。スポー
ツとは対戦する相手があって初めて成り立つものである。自身の大
学のみが勝利すればよい，自身の大学のみが活躍すればよいといっ
た意志はスポーツマンシップに反するものである。

7節　分　析

　本章の目的は，日本大学アメリカンフットボール部悪質タックル
事件と正当化，日本大学アメリカンフットボール部のイデオロギー
との関連の考察であった。本章において，次のような事柄が明らか
になった。

　日本大学アメリカンフットボール部悪質タックル事件は，「何か
言われたら監督の指示だと言え。責任は俺がとる」と監督Cによっ
て正当化された。監督Cは悪質タックルを促進するような正当化を
行った。この正当化は独裁主義という日本大学アメリカンフット
ボール部のイデオロギーをよりどころとした。この独裁主義は，悪
質タックル事件当時の日本大学アメリカンフットボール部の実在条
件である監督Cの大学内における絶大な権力によってもたらされた。
さらに，日本大学アメリカンフットボール部の独裁主義と勝利至上

主義というイデオロギーには強い意志が含まれていた。

注————————————————

1）2018年5月，同年6月，同年7月，同年11月，2019年2月，同年11
　月の朝日新聞，毎日新聞，読売新聞，日本経済新聞。

2）筆者は日本大学の第三者委員会中間報告書をインターネット上で読
　んだ。朝日新聞で掲載された日本大学の第三者委員会中間報告書骨子
　に比べて，インターネット上で公開された日本大学の第三者委員会中
　間報告書の記述は詳細だが，主要な点や重要な点において両者に差異
　はない。従って，インターネット上で公開された日本大学の第三者委
　員会中間報告書を資料として用いた場合でも，本章の論述が変化する
　ことはない。日本大学の第三者委員会中間報告書はインターネット上
　での公開であり，今後，非公開となり，アクセスできない可能性があ
　る。アクセスできなくなれば，誰もが検証できる調査の信頼性が失わ
　れる。資料としてインターネット上で公開された日本大学の第三者委
　員会中間報告書を用いることには，今後，日本大学の第三者委員会中
　間報告書が非公開となるリスクがある。従って，インターネット上で
　公開された日本大学の第三者委員会中間報告書を本章の資料としては
　用いない。

第 2 部
理 論 編

第 8 章

正 当 化

1節 正当化に関して

　ホワイトカラー犯罪においては，犯罪者による正当化，もしくは正当化に近い概念である中和化や合理化に注目したものが多い。本章では，ホワイトカラー犯罪の研究において重要な概念である正当化の考察を行う。

　本章では，まず，社会学における正当化の研究をみていく。次に，ホワイトカラー犯罪における正当化の研究をみていく。さらに，本書における正当化の定義を改めて提示する。最後に，正当化を再考する。

2節 社会学における正当化の研究

　本節では，社会学における正当化の研究をみていく。その際には正当化の概念と近似した概念である合理化や中和等の研究もみていく。まず，社会学における正当化の研究として，クレッシーの合理化の考察があげられる。

　クレッシーはミルズの動機論[1]に基づいて合理化の定義を提示し，合理化を鍵概念として金銭的信託犯罪を考察した。　また，ク

レッシーは，金銭的信託犯罪の研究においてサザーランドの分化的接触理論を発展させた。

　以下ではクレッシーの考察をみていく。

　クレッシーによれば，金銭的信託犯罪とは，良い信用をもって信託される地位にある者が，犯罪を犯すことによってその信託に違背することで，法律上の横領や文書偽造等が含まれる（Cressey　1953：20）。

　合理化は，ある人の行動を彼の所属する集団によって現在用いられるシンボルによって他者により理解できるようにすると称する言語化とみなされる。ある人は行為する前に合理化を準備するかもしれない，もしくはある人がまず行為して後で合理化するかもしれない。信託違背の場合，見出される重要な合理化はいつも犯罪行為が起こった前にあった，もしくは，少なくとも犯罪行為が起こった時にあった，そして，実際，行為が起こった後，合理化はしばしば捨てられた。合理化はある人の動機づけであり，そして，合理化はある人の行動を他者に理解できるようにするばかりではなく，また，行動を自分自身に理解できるようにする（Cressey　1953：94-5）。

　金銭的信託犯罪者は，独立したビジネスマン（自らビジネスをし，彼らに預けられた預金等を横領する者），長期間の違背者（誰かに雇われており，雇い主の金銭か雇い主の顧客の金銭を横領する者，長期間比較的少ない額を取る），逃亡者（横領した金銭とともに逃げる者）からなる。独立したビジネスマンや長期間の違背者は「借りている」と合理化する（Cressey　1953：102-27）[2]。

　クレッシーは合理化を鍵概念として金銭的信託犯罪の研究を行っ

た。金銭的信託犯罪者の合理化は犯罪という行為の前に存在する。

サイクスとマッツアはクレッシーの研究に関連させて，非行における中和の技術を考察した。彼らの中和の技術の考察はサザーランドの分化的接触理論を発展させたものでもある。サイクスとマッツアは中和の技術に関して次のように論じている。

「内面化された規範と社会環境における他者への同調からこぼれ出る不同意は前もって中和され，曲げられ，もしくはそらされる。逸脱的な動機づけられたパターンをチェックするもしくは禁じることに役立つ社会統制は効力のないものにされ，個人は彼自身のイメージへの深刻なダメージを免れて非行に従事する自由の身になる。（中略）非行を行う者は，法律を守る社会へのラディカルな反対ではなく，失敗の弁解のようなこと，しばしば彼自身の目では悪事をしたというよりむしろ自分がひどい目にあっているということを表す。我々はこれら逸脱行動の正当化を中和の技術と呼ぶ」(Sykes and Matza　1957)。

サイクスとマッツアによれば，中和の技術は，① 責任の否定（「スラムの環境が悪いのだ。自分には責任はない」），② 危害の否定（「自動車を盗んだのではない。ちょっと借りただけだ」），③ 被害の否定（「不正ばかりする店の主人から盗んだだけだ」），④ 非難者への非難（「教師はいつもえこひいきを示す」），⑤ より高い忠誠への訴え（「仲間を助けるためにやったんだ」）からなる (Sykes and Matza 1957)。

サイクスとマッツアの中和の技術の考察は，社会規範が非行をする者によって全否定をされてはいないが，中和の技術によって社会

規範の統制力が失われていることを論じており，非行研究において画期的な考察となった。また，中和によって社会規範の統制力が失われて逸脱行為が生じることから，中和は行為の前に生じるものである[3]。

サイクスとマッツアの中和の技術の考察は犯罪者や非行少年を精神異常者とはみなしていないことから，ホワイトカラー犯罪の考察にとっては有用な考え方である。

なお，マッツアは彼単独の著書でも中和を考察しているが，以前の中和の技術の考察とは若干異なっている。

「法的禁止のなかに含まれている最小限の命令は，表面より下で中和される。（中略）下位文化型の非行者は法で認められた限界を越えて，不適用の理由を気づかぬうちに著しく拡大するが，しかし，その場合，法的原則に既に明示されているのと同じ線に沿って拡大する。非行者によるこの拡大と，それによる中和は，責任の否定，不正義の感得，不法行為の肯定，習慣の優先などの線に沿って進められる」（Matza　1964＝1986：87）。

ベッカーは，マリファナ使用者の合理化を考察した。ベッカーによれば，マリファナの初心者はマリファナ使用集団の中で経験を深めていく過程で，一連の合理化を習得する。マリファナの初心者はマリファナ使用集団のフォークロアの中に，マリファナ使用に対する反発への手頃な回答を発見する。合理化には次のものがあげられる。「因習的な人間でも有害な習癖であるアルコールにふけっている」，「食欲が出てきた。マリファナは痩せた人に効果がある」，「マリファナを吸わない時間をもうけており，マリファナを十分に統制

していることからマリファナは無害である」(Becker　1963＝[1978]
1993：105-13)。

　スコットとライマンはミルズの動機論を発展させて，釈明の考察
を行った。

　「釈明は，行為が評価に関した問い合わせを受ける時には必ず使
用される言語的な装置である。このような装置は，行為と予期との
間のギャップに言葉で橋をかけることによって葛藤が生じるのを防
ぐ故に，社会秩序において，決定的な要素である。その上，活動が
予期の領域外に陥った時に一定の釈明が用語上固定され，日常予期
されているため，相互作用者の規則に従って釈明は『状況化され
て』おり，文化内で固定されている」(Scott and Lyman　1968)。

　スコットとライマンによれば，釈明は弁解と正当化の2つに分類
される。弁解とは，行為は非難に値するものであると認めるが，行
為の責任は自分にはないという釈明である。弁解は，① 事故であ
るという訴え，② 無効可能性への訴え（「十分に知らされてなかっ
た」），③ 生物学的な動因への訴え（「同性愛は自分の天性だ」），④ ス
ケープゴートからなる。正当化とは，行為の責任が自分にあるのは
認めるが，行為は非難に値しないという釈明である。正当化は，
① 危害の否定，② 被害の否定，③ 非難者への非難，④ より高い忠
誠への訴え，⑤ 悲しい話（極端に惨めな過去を強調し，現状を説明す
る），⑥ 自己実現（「LSD を使うと自分の能力が発揮される」）からな
る (Scott and Lyman　1968：47-52)。

　スコットとライマンが論述した正当化はサイクスとマッツアの考
察した中和の技術に基づいており，中和の技術と一部重なる。また，

スコットとライマンが考察した釈明は相互作用の修復に焦点を当てており，釈明は行為の後に生じるものである。また，スコットとライマンの釈明の考察から「モーティブ・トーク」論と言われる研究領域が誕生した[4]。

　ヒューイットとストークスはミルズの動機論に基づき事前否認を考察している。事前否認は正当化の一種としてみることができる。ヒューイットとストークスによれば，事前否認は，意図された振舞いから生じるかもしれない疑いやネガティブなタイプ化を前もって避けて，覆すために使用される言語的な装置である。事前否認は，やがて現れようとする振舞いを，アイデンティティへの挑戦もしくは再タイプ化の種類（やがて現れようとする振舞いはアイデンティティへの挑戦もしくは再タイプ化の種類のための根拠として通常役立つ）に関連しないものとして定義することを求める。事前否認の例としては，「私はこれは愚かしいと聞こえると分かっているが，しかし……」，「私は偏見を持っていない，何故ならば私のベストフレンドの幾人かはユダヤ人であるから。しかし……」等があげられる（Hewitt and Stokes　1975）。

　事前否認においては，事前否認を行った上で行為する者のアイデンティティの維持が重要な点になっている。事前否認は行為の前に生じる[5]。

　マーフィーは母乳養育礼賛の中，次に生まれる子の人工栄養での養育をした母親による予期的釈明を考察した。マーフィーはミルズが始め，サイクスとマッツアが引き継いだ中和が行為に先立つという考察を経験的に調査した。出産前の面接において予期的釈明をし

ていた女性は推薦される時期よりも早く母乳養育をやめる傾向が
あった。推敲された予期的釈明をした女性は全て早く母乳養育をや
めた。予期的釈明には，スコットとライマンの考察した弁解（事故
であるという訴え，無効可能性への訴え，生物学的な動因への訴え，ス
ケープゴート）と正当化（危害の否定，非難者への非難，より高い忠誠
への訴え，悲しい話）がみられた（Murphy　2004）。

　人工栄養での養育をした母親による予期的釈明は，文字通り，行
為の前に生じている。

3節　ホワイトカラー犯罪における正当化の研究

　本節では，ホワイトカラー犯罪における正当化をみていく。また，
ここでも，正当化の概念と近似した概念である中和や合理化の研究
もみていく。ホワイトカラー犯罪を犯す者は社会規範に従って育っ
てきた人物である。彼らがホワイトカラー犯罪を犯す場合には，今
まで同調してきた社会規範を弱め，自分を犯罪者や逸脱者とみなし
たり，他者からそのようにみなされないように正当化を行う。まず，
ホワイトカラー犯罪における正当化の研究として，サザーランドの
考察があげられる。

　サザーランドによれば，ホワイトカラー犯罪者は，自己を「犯罪
者」の定型と一致するとは考えないけれども，通常，自己を「法律
違反者」だとは考える。これは，言葉が違うので別に見えるだけの
話であって，実体は同じなのである。内輪の間柄では，事業家たち
は，自分の法律違反を得々と語り，法律違反よりは法律の制定を責
めるべきものと考えている。彼らは，法律に違反をしても，仲間の

支持があるから，良心が彼らの邪魔をすることはない。事業上の慣行に対する羞恥の念は，恐らく，事業界の特殊事情や rationarization（「合理化」と通常は訳されるが，訳書では「理くつ」と訳されている）には完全に馴染んでいない若い事業家に，多く見受けるところであろう（Sutherland　1949＝1955：225）。

　また，サザーランドによれば，ホワイトカラー犯罪者は，一般的なイデオロギーを育てあげる。このイデオロギーは，部分的には，特殊な慣行から成長するのであって，具体的な経験からの帰納の性質をおびているが，部分的には，「我々は健康のために商売をしているのではない」とか「商売は商売」だとか「いかなる商売も至福の上に築かれたこと断じてなし」だとかのような慣用句から，一般的法則として継受している。これらの一般的法則は，それとして継受したものであろうと，具体的な経験を捨象したものであろうと，商売道の新参者たちが，違法な慣行を認容するためにあたっての一助となるし，またこの慣行に rationarization（「合理化」と通常は訳されるが，訳書では「理くつ」とされている）をつけてくれる（Sutherland　1949＝1955：242）。

　本章2節でみたように，クレッシーは横領や文書偽造といった金銭的信託犯罪の研究を行った。金銭的信託犯罪者のうち，独立したビジネスマンや長期間の違背者は「借りている」と合理化する。

　チブナルとサウンダースは，1970年代前半のイギリスの東北部のある市での建設業者と市会議員，市職員との汚職について研究した。チブナルとサウンダースによれば，建設業者と市会議員，市職員との間の相互行為から状況的な道徳が生じた。彼らは，裁判所によっ

て合法的と認められる基準とは異なった解釈の基準に従って自分たちの行動を日常的に分類していた。この解釈の基準が正当化の基礎を作った。彼らの正当化には2つのカテゴリーがあった。1つは，「産業や職業で似たような行動パターンが普及している」という正当化である。もう1つは，その結果による行動の正当化である。後者の正当化は「誰も傷つけていない」と「成功した政治家であるために」からなる。これらの正当化によって，彼らの活動のネガティブな道徳上の含蓄は効果的に取り去られる（Chibnall and Saunders 1977）。

　正当化はコールマンのホワイトカラー犯罪の研究において注目されている。コールマンは，ホワイトカラー犯罪を3つの必要条件の一致によって生じるとしている。1つ目は金銭的獲得，成功者とみられること，没落の恐怖といった動機。2つ目は倫理的な抑制を無効化する正当化。3つ目は機会。これらが揃うことによってホワイトカラー犯罪は生じる（Coleman　1994＝1996：253，269-70）。

　コールマンによると，正当化は動機の一部になるため，犯行の事前に意味がある。正当化によって犯行の計画は心理的に実行しやすくなる。コールマンは既存のホワイトカラー犯罪の研究を整理し，最もよく行われると思われる正当化を6つあげている。それらは，「借りている」，「危害の否定」，「法律自体が不要や不公平」，「犯罪行為の必要性」，「誰もがそうしている」，「金銭を受けるに値する」の6つである。「借りている」は，横領犯が行う正当化である。危害の否定は，ある行為が誰も傷つけなければ倫理に反しないというものである。価格協定を結んだ会社の幹部や大きな店から商品を盗

んだ従業員がこの正当化を述べている。法律自体が不要や不公平で
は，「政府の干渉」を訴え，資本主義での自由放任を盾に自分たち
がいらないと思う法律や規制について指摘すること等がみられる。
ガソリン配給制に対する違反がその例である。犯罪行為の必要性は，
生き残りや重大な経済的目標のためには犯罪が必要だったというも
のである。多くの従業員が雇い主の期待があって違法な活動に協力
したと説明する。価格協定を結んだ会社の幹部はこの正当化も行っ
ている。女性の横領犯では「家族を助けるために必要だった」とい
う正当化が多い。「誰もがそうしている」というのは，犯罪行為の
必要性と一緒に使われることが多い。脱税で有罪となった者にこの
正当化が多い。不正に手を染めた従業員は，同僚の間で受け入れら
れている行動パターンを一緒にやったまでで悪いことはしていない
としばしば主張する。「金銭を受けるに値する」という正当化は，
従業員の窃盗によくみられる。ちょっとした盗みは「道徳的に正当
化された賃金への上乗せ」，「搾取的な雇い主から当然受け取るべき
もの」だと考えられている（Coleman　1994＝1996：269-77）[6]。

　コールマンは，正当化と関連させて職業下位文化（occupational
subculture：訳書では「職業慣習」とされている）を考察している[7]。
正当化の多くは仕事を通して学ばれる。正当化の方法のほとんどが
明らかに文化的に学ばれており，この点で特に重要なのが様々な職
業下位文化である。職業下位文化は，その下位文化に属する者に適
切な正当化を与えるのみでなく，彼らを彼らの犯罪に対して最も過
酷な判断を下す人々から遠ざけるのを助ける。職業下位文化は犯罪
行為を助長している。警察官は市民から孤立し，強い仲間意識を形

成し，仲間の利益に沿うように行動する。ニューヨークの警察官の下位文化では，きれいな賄賂と汚い賄賂（麻薬に関する賄賂）とは区別され，前者の受け取りについては非倫理性を感じていなかった。ギャンブルに関連する賄賂では，犠牲者がいないという考え方が，警察官に安易な正当化を与え，自分は「よい警察官だ」と思い込んだまま汚職の金銭報酬を受け取る。工場労働者の多くは，盗んでよいものとそうでないものをはっきり区別していた。多くの政治家は，選挙への寄付やその他の贈り物と引き換えに政治的な便宜を図ることを，自分たちの仕事の一部としてみることを学んでいる（Coleman 1994＝1996：70-5，278，306）。

さらに，コールマンによれば，1つの会社や職業に限定されない，ビジネスの世界にいるたいていの人々が共有しているビジネス文化（business culture：訳書では「商慣習」となっている）も正当化と関連がある。ビジネス文化は，違法な活動への刺激を与えるばかりではなく，倫理的な抑制を中和するための正当化をも含んでいる。「ビジネスはビジネスだ」と一般によく言われる表現は，厳しい必要性がビジネスの世界の非倫理的で違法な活動を正当化するというビジネス文化の信念を反映している（Coleman 1994＝1996：278）。

ここで，コールマンのホワイトカラー犯罪の正当化の考察を，サザーランドの考察と比較してみる。コールマンは正当化を6つに分類している。そして，正当化のよりどころとして個々の職業下位文化とビジネスの世界全体のビジネス文化を指摘している。ビジネスの世界での違法な活動を正当化する「ビジネスはビジネスだ」（＝「商売は商売」）という表現は，サザーランドではホワイトカラー犯

罪者の一般的なイデオロギーに含まれるが，コールマンではビジネス文化に含まれる。

　また，フリードリクスはホワイトカラー犯罪を説明する理論の１つとして中和や合理化の理論を取り上げている（Friedrichs　1996＝1999：359-61）。

　グリーンもホワイトカラー犯罪を説明する理論の１つとして中和の理論を取り上げている（Green　1997：77-81）。

　日本の心理学者である新田はホワイトカラー犯罪における犯行の合理化に注目している（新田　2001：69-74）。

4節　正当化の定義

　以上，社会学における正当化の研究とホワイトカラー犯罪における正当化の研究をみてきた。筆者はクレッシーの合理化の研究とサイクスの中和の研究，マッツアの中和の研究，スコットとライマンの正当化の研究，ヒューイットとストークスの事前否認の研究，コールマンの正当化の研究に基づいて，改めて，正当化を次のように定義する。

　〈正当化とは，社会や集団からの制裁を和らげやすい動機の戦略
　　的な表明もしくは内面化である〉

　この場合の社会や集団は国家から，業界，企業，職場集団までを含む。集団の中には正当化を行う本人自身も含まれる。制裁には国家の刑罰から，社会からの非難，業界団体が自主的に課す制裁，会社からの懲戒処分，職場仲間からの非難，そして，正当化を行う本人自身の良心の呵責まで含まれる。犯罪行為を犯す者は自他からの

制裁を和らげるために正当化を行う。正当化は，自他からの制裁という犯罪の統制要素を弱める。正当化によって犯罪は促進される。正当化が生じる時期は，犯罪行為の実行の前であると筆者は考える。

後述する9章8節でみるように，正当化はイデオロギーをよりどころとする。犯罪行為を犯す者は，その犯罪行為に関して，社会や集団のイデオロギーをよりどころとした正当化を行って，社会や集団からの制裁，非難を和らげる。さらに，行為者自身も社会や集団に属する者であるから，行為者自身の良心の呵責も弱める。社会や集団のイデオロギーは，正当化を通して，自他からの制裁という犯罪行為の統制要素を弱める。

5節　正当化再考

本章では，まず，社会学における正当化の研究を概観した。次に，ホワイトカラー犯罪における正当化の研究を概観した。筆者はクレッシーの合理化の研究とサイクスの中和の研究，マッツアの中和の研究，スコットとライマンの正当化の研究，ヒューイットとストークスの事前否認の研究，コールマンの正当化の研究に基づいて，本書における正当化の定義を改めて提示した。

正当化の研究は，社会学や犯罪社会学，社会病理学において行われており，今後も，社会学や犯罪社会学，社会病理学において重要な研究対象になると考えられる。また，正当化を言説の領域の1つとして捉えるならば，正当化の研究は，社会学における言説論の隆盛と交錯しながら，今後も発展していくと考えられる。

注───────────────

1）ミルズの動機論は6章3節で詳しく論じた。

2）金銭的信託犯罪者による合理化の考察に関しては，クレッシーの他の論文（Cressey　1952-3）も参照。

3）最近の日本における中和の技術に注目して考察した論文として，圓田の援助交際少女に関する論文があげられる（圓田　2005）。

4）スコットとライマン以降の釈明に関する研究はニコルスの論文（Nichols　1990）を参照。

5）また，ストークスとヒューイットは，ミルズの動機論，スコットとライマンの釈明，彼らの事前否認等といった事象をひとまとめにして調整行為と呼んだ（Stokes and Hewitt　1976）。

6）コールマンは他の論文で，「誰もがそうしている」という正当化を「責任の転嫁」としている。ホワイトカラー犯罪を犯す者は，彼の所属する大きな集団，漠然と定義された集団へと自分の責任を転嫁させる（Coleman　1987）。

7）コールマンは，職業下位文化を「同じキャリアで働いた者たちの間に存在する下位文化」と定義している。異なる組織で，異なる産業で，同じ職業で働いた者たちの間に職業下位文化が存在する。コールマンによると，職業下位文化の他に，組織には組織下位文化，産業には産業下位文化が存在する。職業下位文化，組織下位文化，産業下位文化は，仕事関連の下位文化である。仕事関連の下位文化は，社会生活の主流と社会生活の主流のリアリティの構築から，職業関連の下位文化に属する者を隔離する傾向がある。その結果，社会によって特定の犯罪活動がはっきりと非難されている時でも，仕事関連の下位文化は，その犯罪活動が「容認できる行動，もしくは必要とされる行動である」という定義をしばしば維持できるのである（Coleman　1987）。

第 9 章

イデオロギー

1節　イデオロギーに関して

本章では，本書の鍵概念であるイデオロギーに関する考察を行う。

まず，マルクスのイデオロギー論を概観する。次に，エンゲルスのイデオロギー論を概観する。さらに，マンハイムのイデオロギー論を概観する。また，アルチュセールのイデオロギー論を概観する。最後に，イーグルトンのイデオロギー論を概観する。そして，本書におけるイデオロギーの定義を改めて提示する。また，正当化とイデオロギーとの関連を考察する。続けて，イデオロギーを再考する。

なお，アルチュセール，イーグルトンの論考からの引用は，精確を期すために，長文の引用を行うが，寛恕願いたい。

2節　マルクスのイデオロギー論

本節では，イデオロギー研究の嚆矢となった人物であるマルクスのイデオロギー論をみていく。

マルクスはエンゲルスと共に『ドイツ・イデオロギー』を著している。マルクスとエンゲルスは当時のドイツのイデオロギーの状況を考察し，次のように論じている。

「人間たちの頭脳のなかの模糊たる諸観念といえども，彼らの物質的な，経験的に確かめうる，そして物質的諸前提に結びついた生活過程の必然的昇華物である。したがって道徳，宗教，形而上学およびその他のイデオロギーとそれらに照応する意識諸形態はこれまでのように自立的なものとはもはや思われなくなる。（中略）意識が生活を規定するのではなくて，生活が意識を規定する」（Marx und Engels ［1845-6］1958＝1963：22）。

　さらに，マルクスは次のようにも論じている。

　「人間の意識が彼らの存在を規定するのではなく，彼らの社会的存在が彼らの意識を規定するのである」（Marx ［1859］1961＝1964：6）。

　マルクスはイデオロギーを含めた意識を存在に規定されるものとして唯物論的に捉えた。マルクスは，それまで全盛であった観念論を批判し，唯物論の幕開けを告げたのである。

3節　エンゲルスのイデオロギー論

　マルクスの盟友であるエンゲルスもイデオロギーの定義を行った。エンゲルスはイデオロギーに関して次のように論じている。

　「現実哲学は，ここでもまったくのイデオロギーであること，すなわち，現実を現実そのものからみちびきだすのでなく，観念からみちびきだすものであることがわかる」（Engels ［1878］1962＝1968：99）。

　エンゲルスのイデオロギーの定義は簡潔ではあるが，イデオロギーの言説という性質を強調している。

イデオロギー論で最初に著名になった社会学者はマンハイムである。マンハイムはイデオロギーに関して，次のように論じている。

「われわれがイデオロギーと名づけるのは，存在を超越していながら，そのうちに考えられている内容が，現実にはけっして実現されえないような観念のことである」（Mannheim　1929＝1971：312）。

このマンハイムのイデオロギーの定義は，イデオロギーと現実との乖離を強調している。現実と乖離した言説が社会においては浸透しないと筆者は考えることから，このマンハイムのイデオロギーの定義を筆者は用いない。

また，マンハイムはマルクスやエンゲルスのイデオロギー論を意識しながら，知識社会学を提唱した。マンハイムは次のように論じている。

「『イデオロギー』ということばは，いつ，どこで陳述の構造のうちに，歴史的―社会的構造が入りこむのか，またどのような意味で，後者が前者を具体的に規定することができるのか，といったような問題を追究しようとする研究意図にたいしてもちだされるものなのである。だからわれわれは，知識社会学の領域では，荷がかちすぎた『イデオロギー概念』を利用するのをできるだけ避けて，知識社会学的なやり方で，思考するものの存在に制約をうけた―または立場に制約された―視座構造について述べていこうと思う」（Mannheim　1931＝1973：154-5）。

以上のマンハイムのイデオロギー論を筆者は参考にする。マンハ

イムはイデオロギー論において欠くべからざる研究者であるが，マンハイム自身はイデオロギー論から知識社会学の構築へと移行し，知識社会学という社会学の一分野を確立した。

5節　アルチュセールのイデオロギー論

　本節では，アルチュセールのイデオロギー論をみていく。アルチュセールはマルクスのイデオロギー論を受け継いで，独自のイデオロギー論を展開した。

　既存のイデオロギー論ではイデオロギーに含まれる認識に関して考察したものが主流である。これらはイデオロギーに含まれる認識の真偽や，イデオロギーに含まれる認識の源泉（存在被拘束性等）を考察している。このようなイデオロギーに含まれる認識に関する議論を本書では「認識論的イデオロギー論」と名づける[1]。

　一方，アルチュセールのイデオロギー論においてはイデオロギーと行為，実践との関係を重視している独特な側面がある[2]。アルチュセールのイデオロギー論においてみられるような，イデオロギーと行為，実践との関係に関する議論を本書では「実践論的イデオロギー論」と名づける。本書ではイデオロギーと正当化に注目してホワイトカラー犯罪という行為を考察したことから，イデオロギーと行為，実践との関係に関する議論であるアルチュセールの実践論的イデオロギー論は参考になる。実践論的イデオロギー論を用いると，イデオロギー，正当化，ホワイトカラー犯罪を関連づけて考察することが可能となる。

　アルチュセールはマルクスのイデオロギー論に基づいてイデオロ

ギーを次のように考察している。

「人間はイデオロギーにおいて，自らの実在条件との関係を表明するのではなくて，自らの実在条件との関係をどのように生きるか，というその方法を表明するのであって，その場合，前提とされるのは，現実上の関係と同時に，『体験上』，『想像上』の関係である。そこで，イデオロギーとは，人間と自らの『世界』との関係の表明であり，言いかえると，自らの現実の実在条件にたいする，現実上の関係と想像上の関係との（重層的に決定された）統一体なのである。イデオロギーにおいては，現実上の関係が不可避に想像上の関係のなかにつつまれている。というのは，想像上の関係は，現実を表現している以上に，意志（保守的な，順応的な，改革的な，あるいは革命的な），さらにまた，希望あるいは郷愁でさえも表明しているのだから」（Althusser　1965a＝1994：415）。

「イデオロギーにおいては，諸個人の存在を統御する現実的な諸関係の体系が表わされているのではなく，諸個人がその下で生きる現実的な諸関係にたいするこれら諸個人の想像的な関係が表わされているのである」（Althusser　1970＝1975：62）。

アルチュセールによれば，イデオロギーとは人間が自らの実在条件との関係をどのように生きるかというその方法を表明するものである。生きるということには，人間の生存，人間の行為，人間の実践が含まれる。従って，イデオロギーとは，人間が自らの実在条件である自然や社会との関係において，どのように生存するか，どのように行為するか，どのように実践するか，というその方法を表明するものである。

このアルチュセールのイデオロギー論は理論／実践という二分法，または，認識／実践という二分法からみると，実践という要素を重視したイデオロギー論である。即ち，実践論的イデオロギー論である。

　また，アルチュセールのイデオロギー論においては「生きる」と「想像」との密接な関連の提示がみられる。アルチュセールの弟子であり，また，アルチュセールの共著者でもあったバリバールは，アルチュセールのイデオロギー論における「生」と「想像的なもの」に関して論じている。

　「この概念用語〔アルチュセールが差し出したイデオロギーという概念用語〕は，つぎのような発想にもとづいています。現実的なものへの一つまり，歴史の諸力，歴史の諸制度への一『生きられている』関係というものは，個人的関係であれ集団的関係であれ，想像的なものを一般的な『環境（エレメント）』としている。（中略）人間の生（エグジスタンス）が想像的なものという環境のなかでつねにすでに営まれているとすれば，いつまでたっても，人間の生はこの環境のそとへ決定的に出ることがありません」（Balibar　1991＝1994：228-30）。

　今村はアルチュセールのイデオロギー論の中に「生きる」と「想像的なもの」との必然的な関係を見出す。

　「人間は，社会のなかで自然との関係を生きるとき，他者と自然を含む『世界』への関係を必ず想像的表象へと転換するのである。人間は，自分と世界の間にいわば想像のヴェールをおく。こうした回り道なしには人間は現実と関係を結ぶことができない。要するに，

人間は現実と直接に関係することはできない。人間は想像的なもの・・・・・
を不可欠の通路にする。ここにイデオロギーの必然性がある」（今
村　1997：287-8）。

　アルチュセールの考察に基づき，筆者はイデオロギーにおいては
「どのように生きるかというその方法」は「想像」と密接な関連を
持っていると考える。現実は複雑で，流動的なものであることから，
人間は日々の実生活において現実を精確に認識し，その精確な認識
に基づいて生きることは困難である[3]。従って，想像が現実の認識
を覆い，想像に覆われた認識に基づいて人間は日々の実生活を送る。
しかし，この想像に覆われた認識は現実，特に物質的な現実から大
きく乖離はしない。現実と大きく懸け離れている想像に覆われた認
識に基づいて人間が生きることもまた困難だからである。例えば，
「好況」という現実に対して「行き詰まった経済状態」という認識
をもって生きることは困難である。想像と現実の乖離の程度は誇張，
矮小化，省略，単純化といった程度である。

　さらに，アルチュセールのイデオロギー論では意志に言及してい
る点も注目される。アルチュセールによれば，イデオロギーは意志
を内蔵している[4]。4章7節でみたように，カントやショーペンハ
ウアー，エンゲルス，テンニース，イーグルトンの意志論に基づけ
ば，意志とは，自由，自律，無制限を特徴とする人間の創造能力で
ある。意志は自由で，自身のみを原則としている，つまり，自律的
である。自律は自身のみへの固執，他者に対する押しの強さをもた
らす。従って，意志は自身のみに固執するもの，他者に対する押し
の強さを持つものである。この意志の持つ固執や押しの強さが，イ

デオロギーにおいて保持される。その結果，人々はイデオロギーに対して，その固執や押しの強さを直感的に感じ取るのである。

　また，アルチュセールは，彼のイデオロギー論の中で，主体や担い手，再生産に関して論じている。アルチュセールによれば，イデオロギーは，人間をその実在条件の要求に呼応できる主体，担い手にさせるために諸個人に呼びかける。以下，アルチュセールの，主体や担い手，再生産に関連づけたイデオロギー論をみていく。

　「イデオロギーは主体としての諸個人に呼びかける。このテーゼは，きわめて単純に，主体による，またはさまざまな主体をめざす以外にイデオロギーは存在しない，というわれわれの最後の命題の明確化に立ち戻る。つまりわれわれが言おうとしているのは，イデオロギーは具体的な諸主体にとってのみ存在するのであり，イデオロギーのこの任務は主体によってのみ，つまり主体̇と̇い̇う̇カテゴ̇リ̇ー̇と主体の働きによってのみ可能なのである」（Althusser　1970＝1975：70）。

　「あらゆる社会構成体において，その土台は，労働の技術的かつ社会的分業のなかで請け負うべき機能，占めるべき場所として，担い手（Träger）機能を要求する。この要求はあくまで抽象的なものだ。たしかに土台（経済的な土台はもちろん，政治的，イデオロギー的上部構造もまた同様̇に̇）は，担い手機能を定義する。（中略）そのような機能を果たすべき主体（一般的意味における）を指̇示̇す̇る̇機能を引き受けるのはイデオロギーであり，そのためにイデオロギーは，主体にたいし，機能を請け負うだけの主体根拠を付与しながら，主体を主体として呼̇び̇止̇めなければならない。つまりイデオロギー

は，個人を主体（イデオロギー的主体，したがってイデオロギー的言説の主体）として構成することをつうじて，さらには構造が担い手機能として定義してくる機能を請け負うだけの主体根拠を個人に付与することをつうじて，個人を主体として呼び止めるのである」（Althusser　[1966] 1993＝2001：150）。

　アルチュセールによれば，人間がその実在条件の要求に呼応できる主体，担い手となることによって，資本主義社会における生産諸関係は再生産される。アルチュセールは次のように述べている。

　「われわれは，資本主義的社会構成体において，宗教的イデオロギー（国家の宗教的イデオロギー装置の内部に存在する）は，『農奴制的』社会構成体におけるのともはや同一の役割を果たさない，ということを知っている。資本主義的社会構成体においては，他のイデオロギー装置がさらに重要な役割を果たすが，その効果はつねに同一の『目標』に収斂する。すなわち『意識』のなかで，資本主義下の社会的生産におけるさまざまな機能を遂行する担い手の物質的振舞いのなかで，生産諸関係を日常的かつ連続的に再生産する，という目標である」（Althusser　[1969] 1995＝2005：276）。

6節　イーグルトンのイデオロギー論

　本節ではイーグルトンのイデオロギー論をみていく。アルチュセールのイデオロギー論はイデオロギー論全体の中では特異だが，アルチュセールの哲学を研究者人生の出発点の1つとして批評活動を始めたイーグルトンはこの特異性を受け継いでいる。イーグルトンは，アルチュセールと同じように，イデオロギーと行為，実践と

の関係を重視するという特異性を持つ。そして，イーグルトンはイデオロギーと行為，実践との関係を，アルチュセールに比べて，より重視している。イーグルトンのイデオロギー論は，アルチュセールの考察をより深化させた実践論的イデオロギー論である[5]。

　イーグルトンはイデオロギーに関して次のように考察している。

　「イデオロギーの言説において最も捉え難い点は恐らく，それが現実の事物＝対象を描いているように見えながら，実は我々を容赦なく『情緒的』なものへと導いている，という点なのである。イデオロギー的叙述は，ものごとの様態に言及し，それを描写しているかに見えるし，また実際にそうしていることも多いのであるが，それら『見かけ上の』あるいは『事実上の』叙述を，より根本的で『情緒的』な言い方に翻訳することも可能なのである。イデオロギーの言語は，願望，呪い，恐れ，中傷，祝福等々を表わす言語である。例えば『アイルランド人はイングランド人よりも劣る』といったような，見かけ上は『事実確認的』な言い方は，『奴らは故郷に帰ればいいのに（と私は願望する）』といったような『行為遂行的』な言に鑑みて，初めて完全に理解しうるものである」（Eagleton 1981＝1988：190-1）。

　「カントにとっての美的判断がそうであるように，イデオロギー的発話は，世界の特徴づけを行うように装いながら，発話者が身をもって生きている世界との関係の特徴づけを行うことによって，本質において感情的な内容を指示的な形式のうちに隠蔽してしまう。このことは，イデオロギー的言説が，真偽どちらかの評価をくだせる指示的な命題を実際には含んでいないということを示唆している

のではなく，ただ，指示的な命題を含んでいるということがイデオロギー的なものの最大の特徴ではないということを示唆しているにすぎない。（中略）イデオロギーを，なによりもまず虚偽の陳述であるという観点から特徴づけることはできない。その理由は，一部のひとが考えてきたように，イデオロギーが虚偽の陳述を適正な分量しか含んでいないからではなく，イデオロギーが根本において命題性の問題ではないからである。それは，願望，呪い，恐怖，畏敬，欲望，軽視など―カントの美的判断と同様，真とか偽といった概念的範疇を意味ありげにともなっているとしても，それに依拠してはいない遂行的言説―の問題なのだ。『アイルランド人はイギリス人よりも劣っている』という陳述は，『アイルランド人を打倒せよ！』という命令を疑似指示的にコード化したものにほかならない」(Eagleton 1990＝1996：136-7)。

「アルチュセールはいう，『イデオロギーは，現実を記述するのではなく，意志，希望，ノスタルジアを表現するものである』と。イデオロギーは根本において，恐怖をひきおこしたり否定したり，崇め奉ったり呪詛したりするものであるが，こうした要素が，往々にして，ものごとの実際のありようをさもありのままに記述するかにみえるディスクールにコード化されて組みこまれているということになる。したがってイデオロギーとは，J. L. オースティンの用語を借りるなら，『事実確認的』言語ではなく，『行為遂行的』言語である。それは何かことをなす言語行為（呪い，説得，祝福など）のクラスに属するのであって，記述するディスクールに属するのではない」(Eagleton 1991＝1999：56-7)。

イーグルトンによれば，イデオロギーは真偽を取り扱う命題ではなく，行為遂行的言説であり，何かことをなす言語行為に属する[6]。イーグルトンはイデオロギーを行為という実践との関連からのみ捉えている。こうすることによって，イデオロギーを真偽という認識論にとらわれずに考察することが可能となる。このイーグルトンのイデオロギー論では認識論的側面が完全に消失し，実践論的側面のみが存在する。イーグルトンには，アルチュセールと比較すると，実践論的イデオロギー論へのさらなる純化がみられる。筆者の管見では，イデオロギーを行為遂行的言説として考察したのはイーグルトンが最初である。イーグルトンは真偽の二項対立にとらわれないポストモダン思想が席巻した時代の批評家であることから，イーグルトンは認識論的側面を完全になくし，実践論的側面のみを残すようになったのかもしれない。

　また，イーグルトンはイデオロギーに関して，次のようにも論じている。

　「社会秩序全体のはたらきを把握できるのは理論だけである。個人の実生活に関していうなら，個人が社会全体を見渡せて，そのなかで自分の生きる道を捜しだせるような，ある種の想像的『地図』を提供するのがイデオロギーであり，このためにもイデオロギーは必要なのである。もちろん個人は，社会編成体に関する科学的な知識を参照することができるかもしれないが，あいにく個人は，あわただしい日常生活の喧騒にまぎれて，この知識を用いることはできないのである。（中略）社会生活が複雑すぎて，日常的な意識では全体を把握できないような状況のなかで，それを補うためにイデオ

ロギーが誕生したことになる。社会全体を把握するには，それに関する想像的なモデルが必要となる──地図が現実の地域を過度に単純化してしめすように，この種のモデルも，社会的現実を過度に単純化するとしても」（Eagleton　1991=1999：315）。

　イーグルトンはアルチュセールの提起した「人間が自らの実在条件との関係をどのように生きるかというその方法を表明するもの」としてのイデオロギーを「地図」という比喩を持ち出して論じている[7]。イデオロギーが日常生活という実践を営む際の道具であることを，イーグルトンは「地図」という比喩によって強調している。「社会生活が複雑すぎて，日常的な意識では全体を把握できないような状況のなかで，それを補うためにイデオロギーが誕生したことになる」というイーグルトンの考察に筆者も基本的には同意する。ただし，イーグルトンの考察には付加すべき点がある。社会生活という現実の複雑性だけでなく，社会生活という現実の流動性も，人間が日々の実生活において社会生活という現実の精確な認識（把握）を困難にさせるものである。そして，イデオロギーが提供する「地図」には現実の単純化だけでなく，現実の誇張，矮小化，省略も含まれる。現実の単純化に現実の誇張，矮小化，省略が付随する。比喩的に言えば，イデオロギーが提供する「地図」は，観光上必見のスポットは誇張されて表示される一方，観光的に価値のない場所は小さく表示されたり，省略されたりする観光用地図である。「自分の生きる道を捜しだせるような，ある種の想像的『地図』」とイーグルトンは述べている。人々が日常生活において用いる「地図」においては，生きるという目的との関係が大きいものは誇張され，生

きるという目的との関係が小さいものは矮小化され，生きるという目的と関係がないものは省略される。例えば，「競争が激しい業界の企業経営者」が日常において用いる「地図」においては，「自分の企業が生き残る方法」が誇張され，「自分の企業の文化活動の方法」は矮小化され，「自分の企業の存在理由を問うこと」は省略される[8]。

イーグルトンはイデオロギーに関して，次のようにも論じている。

「もし理論の教えによって，現実には内在的意味などないということがわかるとしても，わたしたちは，この陰鬱な知を抑圧し，そして抑圧することによって目的ある行動をとれる─まさにこれが『イデオロギー』のはたらきのひとつなのである」（Eagleton　1991＝1999：339）。

「存在というみだらな混沌に覆いをかけ，目的という生命維持に必要な幻想を自己にさずける有益な神話があって初めて，われわれは目的意識をもって行動できる，とニーチェやジョウゼフ・コンラッドのような彼の追随者たちはみていた。フロイトもこの点を彼なりのやり方でとりあげ，また，イデオロギーは『想像的』なものであるというルイ・アルチュセールの理論も，この原理とさほどかけ離れたものではない」（Eagleton　2003a＝2004：83-4）。

イーグルトンは，イデオロギーを「目的」との関連から考察している。この場合の「目的」とは，実存主義的な意味での「生きる目的」のことである。何気ない行為や一時的な感情に基づく行為ではなく，目的に向かっていく行為を可能にさせるのがイデオロギーである。目的がない状態は，植物と同じように人間がただ存在するだ

けの状態で，「死んだような」状態であり，人間にとって耐え難いものである。イデオロギーは人間に目的を与え，人間はその目的に向かって行為し，生きていく。この人間に目的を与えるという点においては，イデオロギーと宗教は同じである。

さらに，イーグルトンはイデオロギーに関して，次のようにも論じている。

「モダニストの芸術作品さながら，わたしたちは，みずからの非必然性というスキャンダルにどこまでもまみれている。このことは政治的に見れば意気沮喪する状況であるため，イデオロギーが介入し，わたしたちは必要とされているのだと，わたしたち自身を安堵させるのである。このようにイデオロギーはわたしたち自身と世界とのあいだに内的紐帯を措定する。イデオロギーのこの働きがないと，わたしたちは，みずからの偶発性感覚に意気消沈し労働意欲をなくしベッドから起き上がれなくなるかもしれない」（Eagleton 2005＝2011：51）。

イーグルトンは，イデオロギーは私は必要とされているのだと，私たち自身を安堵させるものであるとみなしている。イデオロギーは人々に「生きる目的」を与えて，人々それぞれが自分は必要とされていると感じるように仕向けるのである。

また，イーグルトンはイデオロギーの特徴として，①統一化（unifying），②行動志向性（action-oriented），③合理化（rationalizing），④正統化（legitimating），⑤普遍化（universalizing），⑥自然化（naturalizing）をあげている。①「統一化」とは，イデオロギーを信奉する集団や階級を１つにまとめ，集団や階級に統一的な

（ただし，内的には差異をはらんだ）アイデンティティを与え，おそらくそうすることで特定の集団や階級に対し，社会全体にある種の統一をもたらす力を与えることである。②「行動志向性」とは，問題となる観念が，どれほど小難しい理屈をこねまわし形而上的であろうとも，イデオロギー的ディスクールはそれらを「慣習実践的」状態へと翻訳せねばならない。つまりこれは，その観念の信奉者たちに，目標なり動機なり規範なり命令なりを授けることをいう。③「合理化」とは，精神分析的な意味での「合理化」である。イデオロギーは社会的利害関係を合理化するものである。合理化という観点からすれば，イデオロギーとは，批判の対象になりそうな社会的行為に対して，もっともらしい説明なり正当な理由を提示せんとするシステマチックな試みとみることができる。④「正統化」とは，支配階級が従属階級の側に権威の所在が支配階級の側にあることを少なくとも暗黙の内に認めさせるプロセスである[9]。⑤「普遍化」とは，イデオロギーが自らを「永遠のものにする」ことである。価値や利害が本当はある特定の場所や特定の時代に固有のものに過ぎないのに，それらを人類全体の永遠の価値や利害にみせかけることである。⑥「自然化」とは，イデオロギーが，その信念を自然なもの，自明なものとみせかけること，社会の「常識」と一致させ，それ以外の信念を想像できないようにさせることである（Eagleton 1991＝1999：107-42）[10]。

　イーグルトンは，イデオロギーの特徴の1つとして「行動志向性」を取り上げ，イデオロギーを目標，動機，規範，命令という概念と結びつけて，行為とイデオロギーの関連を積極的に論じている。

すなわち，イデオロギーは人間の頭の中や本の中だけに留まらず，人間に目標，動機，規範，命令を授けて，行為へと導いていく。過去から現在まで多種多様なイデオロギーが存在してきた（例えば，① 18世紀と19世紀の自由主義，② 最近の新自由主義）。それらのイデオロギーは人間に目標，動機，規範，命令を授けて（① 国民の自由解放，② 経済の活性化），行為へと導いた（① 市民革命，② 民営化や規制緩和）。

以上みてきたイーグルトンのイデオロギー論に対して，イーグルトンはイデオロギー概念を未だ明確に規定しえていないと渡辺憲正は述べている（渡辺憲正 2001：15, 106）。しかし，イーグルトンの明確な規定の回避は人々が持っているイデオロギーに対する硬直的なイメージの回避ともとれる。例えば，以下のイーグルトンの記述はイデオロギーに対する硬直的なイメージの回避である。

「スターリン主義とファシズムだけをイデオロギーの雛形に選ぶのは，はなはだしき還元，本質主義そのものである。スターリン主義とファシズムという，イデオロギーのモデルとしては極端な二例を選ぶことで，どうやら，あらゆるイデオロギーをそのみかけの多様さとはうらはらに，深層構造においては，自明の真理の主張，形而上学的根拠づけ，目的論的ヴィジョン，差異の暴力的解消に深く依存するもの，と信じたいらしいが，これはどうみても誤りである」（Eagleton 1984=1988：144）。

7節　イデオロギーの定義

以上，マルクスとエンゲルス，マンハイム，アルチュセール，

イーグルトンのイデオロギー論をみてきた。マルクスとエンゲルス，マンハイム，アルチュセール，イーグルトンのイデオロギー論を参考にして，改めて，筆者はイデオロギーを次のように定義する。

〈イデオロギーは，人間が自らの実在条件との関係をどのように生きるかというその方法を「地図」という形で表明する行為遂行的言説である〉

イデオロギーは，人間が自らの実在条件との関係をどのように生きるかというその方法を表明するものである。また，この場合，人間と人間の実在条件との関係は想像上の関係の中に包まれている現実上の関係である。人間と人間の実在条件との現実上の関係は複雑で，流動的なものであることから，人間が日々の実生活において人間と人間の実在条件との現実上の関係を精確に認識することは困難であり，人間は想像に覆われた認識を持つことになる（想像と現実との乖離の程度は誇張，矮小化，省略，単純化といった程度である）。この結果，表明される人間と人間の実在条件との関係は想像上の関係の中に包まれている現実上の関係となる。

イデオロギーは，人間が自らの実在条件との関係をどのように生きるかというその方法を表明するものだが，その表明の形は「地図」という形をとる。どのように生きるかというその方法が整理され，秩序づけられ，体系化されて，「地図」という形に凝固する。逆に，「地図」という形をとることによって，どのように生きるかというその方法が揺るがず，安定化する。安定化によって，どのように生きるかというその方法は実際の生活や行為において着実に活用される。

また，イデオロギーが提供する「地図」には現実の誇張，矮小化，省略，単純化が含まれる。従って，イデオロギーが提供する「地図」は現実と乖離しており，想像的なものである。ただし，イデオロギーが提供する「地図」の想像性は，現実と大きく乖離した想像性や現実との接点を持たない想像性ではない。この点には注意する必要がある。

　なお，マルクスは「〔人間の〕社会的存在が彼らの意識を規定する」と論じたが，人間の社会的存在の実在条件が「地図」という指針的な形を取ってイデオロギーという言説を規定する。

　イデオロギーは，人間が自らの実在条件との関係をどのように生きるかというその方法を表明するものである。この表明は，何かことをなす言語行為である行為遂行的言説の一種である。人間が自らの実在条件との関係をどのように生きるかというその方法を表明することは，その方法に従って人間が自らの実在条件との関係を実際に生きることである。

　ちなみに，実在条件がイデオロギーを規定すると指摘することは学問上基本的過ぎることであると思われるかもしれない。しかし，重要なことは次の点である。個々の実在条件の内容を具体的に考察して，個々の実在条件の内容が個々のイデオロギーの内容を規定することを具体的に考察することである。イーグルトンも次のように論じている。

　「〔マルクス主義は〕それなしでは文明化がありえないという意味でのみ物質的生産は基礎的なことだと論じているだけでなく，究極的には物質的生産こそが文明化の本性を規定していると論じようと

するのだ。筆なり PC なりが小説を書くのに欠かせないと言うのと，筆なり PC なりが何らかのかたちでこの小説の内容を決めていると主張するのは，同じことではない。後者の場合，このことは決して眼をくらませるほど自明なことではない」(Eagleton 2011＝2011：110)。

イーグルトンの考察に従い，2章から7章では，個々の実在条件の内容をできる限り具体的に考察して，個々の実在条件の内容が個々のイデオロギーの内容を規定することを具体的に考察してきた。「実在条件がイデオロギーを規定する」と「個々の実在条件の内容が個々のイデオロギーの内容を規定する」という言説は先験的に自明のこととして扱われるものではない。個々の実在条件の内容をできる限り具体的に考察して，個々の実在条件の内容が個々のイデオロギーの内容を規定することを具体的に考察することによって，「実在条件がイデオロギーを規定する」と「個々の実在条件の内容が個々のイデオロギーの内容を規定する」という言説が成り立つ。

8節　正当化とイデオロギー

本節では，正当化とイデオロギーの関連を考察する。

8章3節でみたように，コールマンは正当化のよりどころとして個々の職業下位文化とビジネスの世界全体のビジネス文化を指摘している。正当化は文化をよりどころとしているが，文化と近い概念であるイデオロギーも正当化のよりどころとみなしてもよい。

また，本章6節でみたように，イーグルトンはイデオロギーの特徴として合理化を取り上げており，イデオロギー自体が合理化＝正

当化とも言える。しかし，イデオロギーは複雑な言説であり，正当化は単純な言説である。イデオロギーと正当化を複雑さの点で区別しなければならない。従って，イデオロギーは正当化の源，正当化のよりどころとするのが妥当である。

8章4節でみたように，正当化とは，社会や集団からの制裁を和らげやすい動機の戦略的な表明もしくは内面化である。正当化の上位概念として動機が存在する。正当化を，正当化の上位概念である動機を通して考察すると，イデオロギーが正当化のよりどころとなることが指摘できる。

イデオロギーは，人間が自らの実在条件との関係をどのように生きるかというその方法を「地図」という形で表明するものである。換言すれば，イデオロギーは，人間が自らの実在条件との関係をどのように生きるかというその方法を表明し，人間が自分の生きる道を捜し出せるような「地図」を提供する。この「どのように生きるかというその方法，生きる道を捜し出せるような『地図』」は，「このように生きていこう」という生きるうえでの動機，行為の動機のよりどころとなる。人種差別主義というイデオロギーは「ある人種を自分の人種より下であるとする生き方を表明し，そのような生き方の参照となる『地図』を提供するもの」であり，「自分の人種より下とみなす人種を教導する」という動機のよりどころとなる。さらに，「自分の人種より下とみなす人種を教導する」という動機は，「自分の人種より下とみなす人種は自分たちに従うべきだ」という支配の正当化になる。

また，イデオロギーは呪い，説得，祝福等と同じように，行為遂

行的言説（何かことをなす言語行為）に属する。イデオロギーは個人を現実における具体的な行為へ駆りたてるという側面をもつ。この点からみても，イデオロギーは行為の動機のよりどころとなり，さらに，正当化のよりどころとなる。Aという特定の人種に対する人種差別主義は「Aという人種は自分の人種より下である」という内容を持ち，「自分の人種より下とみなすAという人種を教導する」という動機のよりどころとなる。さらに，「自分の人種より下とみなすAという人種を教導する」という動機は，「自分の人種より下とみなすAという人種は自分たちに従うべきだ」という支配の正当化になる。

　以上，正当化とイデオロギーとの関連を考察してきた。以上の考察をまとめると，正当化とイデオロギーとの関連は，「イデオロギーは正当化のよりどころとなる」という関連である。

9節　イデオロギー再考

　本章では，マルクスのイデオロギー論，エンゲルスのイデオロギー論，マンハイムのイデオロギー論，アルチュセールのイデオロギー論，イーグルトンのイデオロギー論を概観してきた。そして，マルクスとエンゲルス，マンハイム，アルチュセール，イーグルトンのイデオロギー論を参考にして，本書におけるイデオロギーの定義を改めて提示した。

　18世紀と19世紀の自由主義から最近の新自由主義まで，イデオロギーは哲学や社会学の重要な研究対象の一つであり続けた。その理由は，イデオロギーが人間が自らの実在条件との関係をどのように

生きるかというその方法を表明するものであり，イデオロギーの考察が人間の生存や生活の考察の重要な一部門として存在するからである。また，イデオロギーは人間の生存や生活の重要な一部門として存在することから，イデオロギーは，今後も，様々なバリエーションを持って，存在し続けるだろう。

　さらに，本章では，正当化とイデオロギーとの間には「イデオロギーは正当化のよりどころとなる」という関連があることを指摘した。

注

1 ）徳永によれば，認識論とは知識の起源，構造，方法，妥当性，権利根拠等の研究である（徳永　1976：2）。

2 ）ただし，アルチュセールのイデオロギー論においても認識論的イデオロギー論の側面が存在する。例えば，以下のような考察である。

　「科学と違って，イデオロギーは理論的には閉じていると同時に，政治的には柔軟で適応力がある。それは時代の要求に柔軟に従うけれども，目立った動きもなく，それ自身の内部関係を幾分かすかに変更することで，それが同化したり支配したりしようとする歴史的変化を映しだすことで満足する」（Althusser　1965b ＝1997：157）。

　「イデオロギー命題とは，それがねらうものとは異なるひとつの現実の徴候でありながらも，それがねらう対象にかんする限り，誤った命題であるところのひとつの命題である」（Althusser　1974＝1977：22）。

3 ）現実の精確な認識を行うのは，現実の精確な認識を志向することに特化した科学や学問である。

4 ）なお，アドルノも意志に注目してイデオロギーを考察している。

「イデオロギーは，生物学の中にその起源をたどることができるという点にその宿命を持っている。スピノザの『自己保持』，すなわち自己保存とは，本当は，すべての生物体の自然法則である。それは同一性の同語反復を内容としている。ともかく，すでに在るものが在るべきだというわけだ。そこで意志は対象に背を向けて，意志動機の方へ方向を変え，この意志動機が意志自身の単なる手段でありながら目的となる。この方向転換が，すでに虚偽意識に向かっての方向転換なのである。かりにライオンが意識をもっているとして，ライオンはカモシカに激しい怒りを感じるから，それを食べようと欲するのだと言えば，それはイデオロギーである」(Adorno　1966＝1996：423)。

　また，イーグルトンも意志をイデオロギーとみなしている。

　「資本はまた『意志』によるちょっとした汚い手も使って，道具のように使われる男や女を説き伏せ，自分たちが貴重で，無比の，自己決定力を有する存在だと思い込ませるのだ。ショーペンハウアーはこの欺瞞を『意識』と命名したが，マルクスはこれをイデオロギーと呼ぶ」(Eagleton　2007＝2013：135-6)。

5）イーグルトンのイデオロギー論においても認識論的イデオロギー論の側面が強いものがある。

　「支配的イデオロギー体制は，諸価値，概念，信条等を盛る比較的まとまりのある一連の『表現様式』から成るが，それらの諸表現様式は，経済機構ないし組織に具現されたり，経済的生産構造に関連づけられていることから，個人が社会状況に対してもつ生の関係を反映する。その結果，『現実』に対するさまざまの誤認を保証することになり，支配的社会関係の維持にあずかる」(Eagleton　1976a＝1980：68-9)。

　「マルクス主義批評は，イ・デ・オ・ロ・ギ・ー，すなわち，人間がさまざまな時代に自分たちの社会を経験する手がかりとしての観念や価値や感情，の理解を目指す，より大きな理論的分析体系の一部である」(Eagleton　1976b＝1987：11)。

6）行為遂行的言説論の嚆矢となったオースティンは行為遂行的発言に
関して次のように論じている。

　「『私は，この船を「エリザベス女王号」と命名する。』―ただし，
船首に瓶をたたきつけながら言われた場合。『私は，私の時計を私の
弟に遺産として与える。』―ただし，遺言状の中に記された場合。『私
はあなたと，明日雨が降る方に六ペンス賭ける。』。以上の例において
は，それぞれの文を述べる（もちろん適当な状況のもとにおいて）こ
とは，私がかくかくと述べている際に私が行なうと述べられているそ
の当のことを実際行なっているという私の行為を記述することではな
く，また，その当の行為を私が行なっているということを陳述してい
るのでもないということは明白なことであろう。そこでは，その文を
口に出して言うことは，当の行為を実際に行なうことにほかならない
のである。また，これらの発言のどれをとっても，それらは真でもな
ければ偽でもない。私はこのことを自明のことであると主張し，それ
について議論することはしない。（中略）今ここで考えられた種類の
文ないし発言を何と名づけるべきであろうか。私としては，それらを
行為遂行的文（performative sentence）ないし，行為遂行的発言
（performative utterance），あるいは，簡単に『遂行文』ないし『遂
行的発言』（performative）と呼ぶことを提案したい」（Austin
1962＝1978：10-2）。

7）イデオロギーを「地図」とみなすような考え方はギアーツにもみら
れる。

　「イデオロギーにおいて起こる字義通りの意味の正面衝突―皮肉，
誇張，大げさな対照―は，異邦への旅にも似た政治生活の変容によって
生まれた，諸々の『見慣れない何物か』と重ね合わせるための新た
な象徴的枠組を作り出す。イデオロギーが何であるにせよ―意識され
ない恐怖の投影，背後に秘められた動機の装い，集団の団結の連帯的
表現―，それは何よりもまず，問題ある社会的現実の見取り図であり，
集合意識創成への母体である」（Geertz　1973＝1987：44）。

8）以上みてきたように，イーグルトンはイデオロギーを「地図」を提供するものとして考察したが，しかし，この考察に対して留保をつけている。

　　「イデオロギーを社会構成体の『接着剤』とみなしたり，行為体を行動へとみちびく『認識地図』とみなしたりする『社会学的』観点は，その効果があまりにしばしば脱政治的であって，イデオロギー概念から，闘争とか矛盾葛藤という次元を抜きさるおそれがある」（Eagleton 1991＝1999：460）。

　　このイーグルトンの指摘は大事であるが，この指摘に対して筆者は次のように考える。闘争や矛盾，葛藤という事態は，イデオロギーにおいて生きるという目的と関連づけられて取り扱われる。例えば，人種差別主義というイデオロギーにおいては，ある人種が直面する闘争や葛藤は，ある人種が生きるという目的と関連づけられて取り扱われる。人種差別主義は「文明的な人種である我々の人種と野蛮な人種である他の人種との間の闘争や葛藤」というように自らの人種が有利な存在として生きることができるような形で闘争や葛藤を表明するのである。

9）なお，訳書では「正当化」と訳されているが，筆者は「正統化」という日本語を訳語として用いる。

10）イーグルトンはイデオロギーの特徴の1つである「自然化」に関して，次のようにも論じている。

　　「イデオロギー的なものは自然化＝自明化の作用に還元されてしまうが，アルチュセールが警告を発しているのは，そのような還元のあり方に対してであるのだ」（Eagleton　1981＝1988：133）。

第10章

結　論

　2章から7章まで，組織体犯罪に近似した組織体逸脱を含めた日本におけるホワイトカラー犯罪の事例を考察してきた。Ａ銀行行員の職務犯罪，Ａ証券会社社員の職務犯罪，Ａ製紙会社会長の職務犯罪，オリンパスの組織体犯罪，東芝の不正会計，日本大学アメリカンフットボール部悪質タックル事件を，正当化と経営指示，正当化と経営指示のよりどころであるイデオロギーに注目して具体的に考察してきた。以上みてきた日本におけるホワイトカラー犯罪の考察をまとめて，帰納法的に，本書の結論を導き出す。

　まず，Ａ銀行行員の職務犯罪（出資法第三条違反）においては，支店長Ａの犯行は，「銀行の収益のため」という正当化によって促進された。この正当化は，冒険主義というバブル期の銀行業界の業界イデオロギーをよりどころとした。また，冒険主義は，甘い審査をもたらし，支店長Ａの犯行の機会を生んだ。冒険主義は，大企業の銀行離れと金利自由化による不動産業向け融資や株式購入資金用の融資というバブル期の銀行業界の実在条件によってもたらされた。

　次に，Ａ証券会社社員の職務犯罪（業務上横領の共犯と詐欺）においては，課長Ａの犯行は，「ノルマの達成のため」という正当化によって促進された。この正当化は証券業界の業界イデオロギーであ

る個人顧客蔑視主義と営業重視主義をよりどころとした。また，個人顧客蔑視主義と営業重視主義は，営業成績優秀な社員に対する杜撰な管理をもたらし，課長Aの犯行の機会を生んだ。個人顧客蔑視主義と営業重視主義は，証券市場や法，規制という証券業界の実在条件によってもたらされた。

さらに，A製紙会社会長の職務犯罪（特別背任）においては，会長Aの犯行は，「ツキがあれば何とかなると思っていた」という会長Aの身勝手な正当化によって促進された。この身勝手な正当化は，ワンマン主義というA製紙会社のイデオロギーをよりどころとしていた。また，ワンマン主義は，連結子会社から会長Aへの安易な融資をもたらした。さらに，ワンマン主義によって効果的な監視人が欠如し，会長Aの行った犯行の露見が困難となった。ここに，会長Aの犯行の機会が存在した。ワンマン主義は，創業家によるA製紙会社の支配というA製紙会社の実在条件によってもたらされた。また，ワンマン主義には，会長Aが独善的に振る舞うという強い意志がみられた。

オリンパスの組織体犯罪（金融商品取引法違反（有価証券報告書の虚偽記載））においては，犯行は，「公表すれば倒産する可能性が高く，3万人の従業員とその家族を考えると決断できなかった」という元社長Aの正当化によって促進された。この正当化は，「会社それ自体」の物神崇拝という現代資本主義社会のイデオロギーをよりどころとしていた。また，「会社それ自体」の物神崇拝は現代資本主義社会における人間の実在条件である「会社それ自体」が物象化された経済によってもたらされた。

東芝の不正会計においては，東芝の不正会計は，「チャレンジ」という東芝に個別的で，独自な経営指示によって促進された。この経営指示は当期利益至上主義という東芝のイデオロギーをよりどころとした。当期利益至上主義は不正会計当時の東芝が直面した実在条件である現在の日本の経済環境，即ち，グローバル資本主義によってもたらされた。

　最後に，日本大学アメリカンフットボール部悪質タックル事件においては，日本大学アメリカンフットボール部悪質タックル事件は，「何か言われたら監督の指示だと言え。責任は俺がとる」と監督Cによって正当化された。監督Cは悪質タックルを促進するような正当化を行った。この正当化は独裁主義という日本大学アメリカンフットボール部のイデオロギーをよりどころとした。この独裁主義は，悪質タックル事件当時の日本大学アメリカンフットボール部の実在条件である監督Cの大学内における絶大な権力によってもたらされた。さらに，日本大学アメリカンフットボール部の独裁主義と勝利至上主義というイデオロギーには強い意志が含まれていた。

　以上みてきた，組織体犯罪に近似した組織体逸脱を含めた日本におけるホワイトカラー犯罪においては，正当化もしくは経営指示がホワイトカラー犯罪を促進した。また，正当化や経営指示はイデオロギーをよりどころとしていた。そして，イデオロギーはホワイトカラー犯罪を行う人物の実在条件によってもたらされた。また，イデオロギーはホワイトカラー犯罪における犯行の機会ももたらした。以上から，帰納すれば，実在条件がイデオロギーを規定し，イデオロギーが正当化や経営指示を規定し，さらに，正当化や経営指示が

ホワイトカラー犯罪を促進する。従って，1章で提示した，以下の概念図式が成立する。

【実在条件→イデオロギー→正当化→ホワイトカラー犯罪】

この概念図式から分かる通り，ホワイトカラー犯罪の考察においては，正当化，イデオロギー，実在条件の分析が重要である。

本書の結論は以下の通りである。ホワイトカラー犯罪は正当化によって促進され，正当化はイデオロギーをよりどころとし，イデオロギーはホワイトカラー犯罪を行う人物の実在条件によってもたらされる。

Adorno, Th.W., 1966, *Negative Dialektik,* Suhrkamp Verlag. (=
1996, 木田元・徳永恂・渡辺祐邦・三島憲一・須田朗・宮武昭訳『否定
弁証法』作品社。)

赤堀勝彦, 2012, 「最近の企業不祥事とリスクマネジメント」『神戸学院法
学』42(1)：119-47.

Althusser, L., 1965a, *Pour Marx,* Maspero. (=1994, 河野健二・田村
俶・西川長夫訳『マルクスのために』平凡社。)

Althusser, L., 1965b, "Objet du Capital," Althusser, L., Balibar, E.,
Rancière, J., Macherey, P., Establet, R., *Lire le Capital,* Maspero.
(=1997, 今村仁司訳「『資本論』の対象」今村仁司訳『資本論を読む
(中)』筑摩書房。)

Althusser, L., [1966] 1993, "Trois notes sur la théorie des discours,"
Écrits sur la Psychanalyse Freud et Lacan, STOCK/IMEC. (=
2001, 菅野賢治訳「言説理論に関する三つのノート」石田靖夫・小倉孝
誠・菅野賢治訳『フロイトとラカン』人文書院, 125-88。)

Althusser, L., [1969] 1995, *Sur la Reproduction,* PUF. (=2005, 西
川長夫・伊吹浩一・大中一彌・今野晃・山家歩訳『再生産について』平
凡社。)

Althusser, L.,1970, "Idéologie et Appareils Idéologiques d'Etat," *La
Pensée,* 151：3-38. (=1975, 西川長夫訳「イデオロギーと国家のイデ
オロギー装置」西川長夫訳『国家とイデオロギー』福村出版, 15-94。)

Althusser, L., 1974, *Philosophie et Philosophie Spontanée des Sa-
vants (1967),* Maspero. (=1977, 西川長夫・阪上孝・塩沢由典訳
『科学者のための哲学講義』福村出版。)

青木慧, 1988, 『金融大企業の背信』新日本出版社。

有井行夫, 1985, 「「所有にもとづく支配」と「資本の人格化」」『政経研
究』48：11-26.

Austin, J. L.,1962, *How to Do Things with Words,* Oxford Univer-
sity Press. (=1978, 坂本百大訳『言語と行為』大修館書店。)

Balibar, E., 1991, *Ecrits pour Althusser,* Editions La Découverte.
(=1994, 福井和美編訳『ルイ・アルチュセール』藤原書店。)

Becker, H. S., 1963, *Outsiders,* The Free Press.（＝[1978] 1993, 村上直之訳『新装アウトサイダーズ』新泉社。）

Benson, M. L. and Moore, E., 1992, "Are White-Collar and Common Offenders the Same?," *Journal of Research in Crime and Delinquency,* 29(3)：251-72.

Berle, A. A. Jr. and Means, G. C., 1932, *The Modern Corporation and Private Property,* The Macmillan Company.（＝1957, 北島忠男訳『近代株式会社と私有財産』文雅堂銀行研究社。）

Braithwaite, J., 1985, "White-collar crime," *Annual Review of Sociology,* 11：1-25.

Brenner, R., 1998, "The Economics of Global Turbulence," *New Left Review,* 229：1-265.

Brenner, R., 2002, *The Boom and the Bubble,* Verso.（＝2005, 石倉雅男・渡辺雅男訳『ブームとバブル』こぶし書房。）

Brenner, R., 2004, "New Boom or New Bubble?," *New Left Review Second Series,* 25：57-100.

Caillois, R., [1958] 1967, *Les Jeux et les Hommes, édition revue et augmentée,* Gallimard.（＝1990, 多田道太郎・塚崎幹夫訳『遊びと人間』講談社。）

Calavita, K. and Pontell, H. N., 1991, ""Other's People's Money" Revisited," *Social Problems,* 38(1)：94-112.

Chibnall, S. and Saunders, P., 1977, "Worlds Apart," *The British Journal of Sociology,* 28(2)：138-54.

チーム FACTA, 2012, 『オリンパス症候群〈シンドローム〉』平凡社。

Clinard, M. B. and Quinney, R., [1967] 1973, *Criminal Behavior Systems Second Edition,* Holt, Rinehart and Winston.

Cohen, L. E. and Felson, M., 1979, "Social Change and Crime Rate Trends," *American Sociological Review,* 44（4）：588-608.

Coleman, J. W., 1985, *The Criminal Elite,* St. Martin's Press.

Coleman, J. W., 1987, "Toward an Integrated Theory of White-Collar Crime" *American Journal of Sociology,* 93(2)：406-39.

Coleman, J. W., 1994, *The Criminal Elite, 3rd ed.,* St. Martin's Press.（＝1996, 板倉宏監訳『犯罪〈クリミナル〉エリート』シュプリ

ンガー・フェアラーク東京。)

Cressey, D. R., 1952-3, "Application and Verification of the Differential Association Theory," *The Journal of Criminal Law, Criminology and Police Science,* 43：43-52.

Cressey, D.R., 1953, *Other People's Money,* The Free Press.

大黒弘慈, 2006, 「物象化論の諸問題」『情況』第 3 期第 7 巻第 4 号：146-54.

Eagleton, T., 1976a, *Criticism and Ideology,* New Left Books.（＝1980, 高田康成訳『文芸批評とイデオロギー』岩波書店。)

Eagleton, T., 1976b, *Marxism and Literary Criticism,* Methuen.（＝1987, 有泉学宙・高橋公雄・田形みどり・清水英之・松村美佐子訳『マルクス主義と文芸批評』国書刊行会。)

Eagleton, T., 1981, *Walter Benjamin or Towards a Revolutionary Criticism,* Verso.（＝1988, 有満麻美子・高井宏子・今村仁司訳『ワルター・ベンヤミン』勁草書房。)

Eagleton, T., 1984, *The Function of Criticism,* Verso.（＝1988, 大橋洋一訳『批評の機能』紀伊國屋書店。)

Eagleton, T., 1990, *The Ideology of the Aesthetic,* Basil Blackwell.（＝1996, 鈴木聡・藤巻明・新井潤美・後藤和彦訳『美のイデオロギー』紀伊國屋書店。)

Eagleton, T., 1991, *Ideology,* Verso.（＝1999, 大橋洋一訳『イデオロギーとは何か』平凡社。)

Eagleton, T., 2003a, *The Sweet Violence,* Blackwell.（＝2004, 森田典正訳『甘美なる暴力』大月書店。)

Eagleton, T., 2003b, *After Theory,* Penguin Books.（＝2005, 小林章夫訳『アフター・セオリー』筑摩書房。)

Eagleton, T., 2005, *Holy Terror,* Oxford University Press.（＝2011, 大橋洋一訳『テロリズム　聖なる恐怖』岩波書店。)

Eagleton, T., 2007, *The Meaning of Life,* Oxford University Press.（＝2013, 有泉学宙・高橋公雄・清水英之・松村美佐子訳『人生の意味とは何か』彩流社。)

Eagleton, T., 2009, *Reason, Faith and Revolution,* Yale University Press.（＝2010, 大橋洋一・小林久美子訳『宗教とは何か』青土社。)

Eagleton, T., 2011, *Why Marx Was Right,* Yale University.（＝2011, 松本潤一郎訳『なぜマルクスは正しかったのか』河出書房新社。）

Eagleton. T., 2012, *The Event of Literature,* Yale University Press.（＝2018, 大橋洋一訳『文学という出来事』平凡社。）

Eagleton, T., 2013, *Across the Pond,* W.W.Norton.（＝2014, 大橋洋一・吉岡範武訳『アメリカ的, イギリス的』河出書房新社。）

Engels, F., [1878] 1962, *Karl Marx-Friedrich Engels: Werke, Band 20,* Institut für Marxismus-Leninismus beim ZK der SED, Dietz Verlag.（＝1968, 大内兵衛・細川嘉六監訳『マルクス＝エンゲルス全集第20巻』（『反デューリング論』）大月書店。）

FACTA編集部, 2017, 『東芝　大裏面史』文藝春秋.

Felson, M., [1994] 2002, *Crime and Everyday Life, 3rd ed.,* Sage Publications.（＝2005, 守山正監訳『日常生活の犯罪学』日本評論社。）

Friedrichs, D. O., 1996, *Trusted Criminals,* Wadsworth.（＝1999, 藤本哲也監訳『ホワイトカラー犯罪の法律学』シュプリンガー・フェアラーク東京。）

藤本哲也・朴元奎, 1994, 「アメリカ合衆国における被害者学の生成と発展」『被害者学研究』3：41-56.

藤木英雄, 1972, 『刑法各論』有斐閣。

古橋健二, 1992, 「バブルは僕たちのベトナム戦争だった！」『別冊宝島147号　我らがバブルの日々』宝島社, 56-65.

Galbraith, J. K., 1990, *A Short History of Financial Euphoria,* Whittle Direct Books.（＝1991, 鈴木哲太郎訳『バブルの物語』ダイヤモンド社。）

Geertz, C., 1973, *The Interpretation of Cultures,* Basic Books.（＝1987, 吉田禎吾・柳川啓一・中牧弘允・板橋作美訳『文化の解釈学Ⅱ』岩波書店。）

Gerth, H. H. and Mills, C. W., 1953, *Character and Social Structure,* Harcourt, Brace & World.（＝1970, 古城利明・杉森創吉訳『性格と社会構造』青木書店。）

Green, G. S., 1997, *Occupational Crime, 2nd ed.,* Nelson-Hall.

判例時報, 1996, 1574：25-56.

判例時報, 1999, 1686：154-6.

判例タイムズ, 1996, 902：220-47.

橋本尚, 2017, 「株式会社東芝」八田進二編著『開示不正』白桃書房, 229-50.

Hewitt, J. P. and Stokes, R., 1975, "Disclaimers," *American Sociological Review*, 40(1)：1-11.

樋口晴彦, 2012, 『組織不祥事研究』白桃書房。

樋口晴彦, 2014, 「オリンパス不正会計事件の事例研究」『千葉商大論叢』51(2)：189-231.

樋口晴彦, 2015, 『なぜ, 企業は不祥事を繰り返すのか』日刊工業新聞社。

平岡義和, 1985, 「組織体犯罪の概念とその理論的分析」『社会学評論』35(4)：2-17.

平岡義和, 1988, 「カルテルにおける課業環境と統制環境」『犯罪社会学研究』13：61-79.

平岡義和, 1993, 「経済犯罪の一要因としての犯罪意識」『犯罪社会学研究』18：138-54.

廣松渉, [1974] 2010, 『資本論の哲学』平凡社。

廣松渉, 1983, 『物象化論の構図』岩波書店。

廣松渉, 1986, 「まえおき」廣松渉編『資本論を物象化論を視軸にして読む』岩波書店, i-xi.

Honneth, A., 2005, *Verdinglichung,* Suhrkamp.（＝2011, 辰巳伸知・宮本真也訳『物象化』法政大学出版局。)

宝月誠, 1986, 「製薬企業の世界」宝月誠編『薬害の社会学』世界思想社, 97-142.

宝月誠, 1988, 「組織体逸脱の研究に向けて」『犯罪社会学研究』13：12-8.

飯田和人, 2001, 『市場経済と価値』ナカニシヤ出版。

飯田和人, 2006, 『市場と資本の経済学』ナカニシヤ出版。

飯田和人, 2010, 「グローバル資本主義の理論構造とその特質」飯田和人編著『危機における市場経済』日本経済評論社, 23-62.

飯田和人, 2011, 『グローバル資本主義論』日本経済評論社。

飯田和人, 2014, 「資本家概念の拡充について」『政經論叢』82（3・4）：1-37.

今井祐, 2016, 『東芝事件と「守りのガバナンス」』文眞堂。

今村仁司，1974，「フェティシズム論について」『情況』69：16-27.

今村仁司，1983，『社会科学批評』国文社。

今村仁司，1997，『アルチュセール』講談社。

今沢真，2016a，『東芝　不正会計　底なしの闇』毎日新聞出版。

今沢真，2016b，『東芝　終わりなき危機』毎日新聞出版。

今沢真，2017，『東芝消滅』毎日新聞出版。

井本省吾，1994a，「家電（昭和40年代）」高村寿一・小山博之編『日本産業史　3』日本経済新聞社，104-10.

井本省吾，1994b，「家電（昭和50年代）」高村寿一・小山博之編『日本産業史　3』日本経済新聞社，278-85.

井本省吾，1994c，「家電（昭和60年代から平成へ）」高村寿一・小山博之編『日本産業史　4』日本経済新聞社，91-8.

稲葉陽二，2017，『企業不祥事はなぜ起きるのか』中央公論新社。

井上泉，2013，「オリンパス事件における統制環境の崩壊」『日本経営倫理学会誌』20：227-39.

井上泉，2015，『企業不祥事の研究』文眞堂。

井上眞理子，1980，「犯罪としてのビジネス」『社会福祉評論』（大阪女子大学社会福祉学科）48：33-52.

井上眞理子，1984，「汚職」望月嵩編著『新　社会病理学』学文社，170-82.

井上眞理子，1986，「薬害と企業組織」宝月誠編『薬害の社会学』世界思想社，143-62.

井上眞理子，1988，「アメリカにおける組織体犯罪研究」『犯罪社会学研究』13：80-100.

石塚正英，1991，『フェティシズムの思想圏』世界書院。

石渡貞雄，1982，「「所有と支配の分離」は存在するか」『社会科学年報』（専修大学社会科学研究所）16：1-52.

板倉宏，1988，「組織体犯罪研究の現状と展望」『犯罪社会学研究』13：19-41.

岩原紳作，1995a，「浮貸しの罪の要件（上）」『旬刊　金融法務事情』1429：6-11.

岩原紳作，1995b，「浮貸しの罪の要件（中）」『旬刊　金融法務事情』1431：11-6.

岩原紳作，1995c，「浮貸しの罪の要件（下）」『旬刊　金融法務事情』
　　1432：22-9.

祝康成，1992，「魔獣たちの掟」『別冊宝島168号　銀行のヒミツ』宝島社，
　　152-61.

加賀谷哲之・鈴木智大，2012，「オリンパス」『一橋ビジネスレビュー』60
　　(1)：108-25.

鹿児嶋治利，1992，『銀行経営論』中央経済社。

鎌田慧，1986，『日本人の仕事』平凡社。

上林敬宗，1998，『金融システムの構造変化と銀行経営』東洋経済新報社。

Kant, I., 1785, *Grundlegung zur Metaphysik der Sitten.*（＝1976,
　　篠田英雄訳『道徳形而上学原論』岩波書店。）

Kant, I., 1788, *Kritik der praktischen Vernunft.*（＝1979，波多野精
　　一・宮本和吉・篠田英雄訳『実践理性批判』岩波書店。）

加藤直隆・河合幹雄・久保貴，1995，「組織の逸脱行動と責任の帰属」『犯
　　罪社会学研究』20：92-114.

川合一郎，1958，「現代資本主義の財政・金融政策」有沢広巳責任編集
　　『現代資本主義講座第3巻』東洋経済新報社，205-52.

河村哲二，2003，「戦後パックス・アメリカーナの転換と「グローバル資
　　本主義」」SGCIME編『世界経済の構造と動態』御茶の水書房，3-45.

河村哲二，2016，「グローバル資本主義の歴史的位相の解明と段階論の方
　　法」SGCIME編『グローバル資本主義と段階論』御茶の水書房，33-
　　67.

北原勇，1980，「巨大企業における「所有と支配」」『経済研究』（一橋大学
　　経済研究所）31(4)：289-99.

北原勇，1984，『現代資本主義における所有と決定』岩波書店。

北原勇，2001，「独占資本主義における新たな諸対抗関係」北原勇・鶴田
　　満彦・本間要一郎編『資本論体系第10巻　現代資本主義』有斐閣，
　　161-76.

児玉博，2017，『テヘランからきた男』小学館。

近藤哲郎，1991，「組織体逸脱現象への分析視角」『ソシオロジ』36(2)：
　　105-19.

高坂健次，1987，「マートンの「中範囲の理論」をめぐって」『現代社会
　　学』24：28-40.

久保惠一，2018，『東芝事件総決算』日本経済新聞出版社。

栗岡幹英，1986a，「薬害被害者の意味世界の諸相」宝月誠編『薬害の社会学』世界思想社，58-96.

栗岡幹英，1986b，「薬害における逸脱と裁判」宝月誠編『薬害の社会学』世界思想社，188-212.

京藤哲久，1998，「浮貸し等の罪（出資法三条違反）の一考察」芝原邦爾・西田典之・井上正仁編『松尾浩也先生古希祝賀論文集 上巻』有斐閣，709-33.

Lukács, G., 1923, *Geschichte und Klassenbewußtsein,* Der Malik-Verlag.（＝1991，城塚登・古田光訳『歴史と階級意識』白水社。）

Mannheim, K., 1929, *Ideologie und Utopie,* Schulte Bulmke.（＝1971，徳永恂訳『イデオロギーとユートピア』高橋徹責任編集『世界の名著68巻 マンハイム オルテガ』中央公論社，93-381。）

Mannheim, K., 1931, "Wissenssoziologie," *in Handwörterbuch der Soziologie,* herausgegeben von Alfred Vierkandt.（＝1973，秋元律郎訳「知識社会学」秋元律郎・田中清助訳『知識社会学』青木書店，151-204。）

圓田浩二，2005，「少女を巡る売買春への対応」『現代の社会病理』20：35-48.

Marx, K., [1857-8] 1953, *Grundrisse der Kritik der politischen Ökonomie,* Dietz Verlag.（＝1961，高木幸二郎監訳『経済学批判要綱第3分冊』大月書店。）

Marx, K., [1859] 1961, *Karl Marx-Friedrich Engels Werke, Band 13,* Institut für Marxismus-Leninismus beim ZK der SED, Dietz Verlag.（＝1964，大内兵衛・細川嘉六訳『マルクス＝エンゲルス全集第13巻』（『経済学批判』）大月書店。）

Marx, K., [1863-5] 1933, *Resultate des unmittelbaren Produktionsprozesses.*（＝1970，岡崎次郎訳『直接的生産過程の諸結果』大月書店。）

Marx, K., [1867] 1962, *Karl Marx-Friedrich Engels Werke, Band 23,* Institut für Marxismus-Leninismus beim ZK der SED, Dietz Verlag（＝1965，大内兵衛・細川嘉六監訳『マルクス＝エンゲルス全集第23巻第1分冊』（『資本論Ⅰa』）大月書店。）

Marx, K. und Engels, F., [1845–6] 1958, *Karl Marx-Friedrich Engels Werke, Band 3,* Institut für Marxismus-Leninismus beim ZK der SED,Dietz Verlag.（＝1963，大内兵衛・細川嘉六監訳『マルクス＝エンゲルス全集第 3 巻』（『ドイツ・イデオロギー』）大月書店。）

松井隆幸，2012，「トップの不祥事に対する内部監査の役割」『会計プロフェッション』7：177–91.

松崎隆司，2017，『東芝崩壊』宝島社。

Matza, D., 1964, *Delinquency and Drift,* Wiley John & Sons.（＝1986，非行理論研究会訳『漂流する少年』成文堂。）

Miethe, T. D., Stafford, M. C. and Long, J. S., 1987, "Social Differentiation in Criminal Victimization," *American Sociological Review,* 52(2)：184–94.

Mills, C. W., 1940, "Situated Actions and Vocabularies of Motive," *American Sociological Review,* 5(6)：904–13.（＝1971，田中義久訳「状況化された行為と動機の語彙」青井和夫・本間康平監訳『権力・政治・民衆』みすず書房，344–55。）

Mills, C. W., 1959, *The Sociological Imagination,* Oxford University Press.（＝2017，伊奈正人・中村好孝訳『社会学的想像力』筑摩書房。）

森杲，1985，『株式会社制度』北海道大学図書刊行会。

Murphy, E., 2004, "Anticipatory Accounts," *Symbolic Interaction,* 27(2)：129–54.

牟田和恵，1986，「製薬企業労働者の告発運動」宝月誠編『薬害の社会学』世界思想社，163–87.

NHK 企業社会プロジェクト，1991，『追及 金融・証券スキャンダル』日本放送出版協会。

Nichols, L., 1990, "Reconceptualizing Social Accounts," *Current Perspectives in Social Theory,* 10：113–44.

日本経済新聞社編，1991，『宴の悪魔』日本経済新聞社。

日本証券業協会，1997a，『定款・規則 平成 9 年 4 月』。

日本証券業協会，1997b，『証券統計 1997』。

二上季代司，1990，『日本の証券会社経営』東洋経済新報社。

西村春夫，1986，「窃盗犯罪」四方壽雄編著『犯罪社会学』学文社，139–

75.

新田健一，2001，『組織とエリートたちの犯罪』朝日新聞社。

野口悠紀雄，1992，『バブルの経済学』日本経済新聞社。

小笠原啓，2016，『東芝　粉飾の原点』日経 BP 社。

岡 正生，1992，『転換期の銀行経営』有斐閣。

奥村宏，1981，「「所有論」ノート」『証券経済』135：21-40.

奥村宏，1986，『日本の株式会社』東洋経済新報社。

奥村宏，1992，『株とは何か〔改訂版〕』朝日新聞社。

奥村宏，1993a，「管理不能に陥った法人資本主義」奥村宏・佐高信『揺れる銀行　揺れる証券』社会思想社，111-235.

奥村宏，1993b，「法人資本主義と経済犯罪」『罪と罰』30(4)：5-11.

奥村宏，1998，『無責任資本主義』東洋経済新報社。

奥村宏，2004，『会社はなぜ事件を繰り返すのか』NTT 出版。

小俣光文，2017，「オリンパス株式会社」八田進二編著『開示不正』白桃書房，193-211.

大西康之，2017a，『東芝解体　電機メーカーが消える日』講談社。

大西康之，2017b，『東芝　原子力敗戦』文藝春秋。

大鹿靖明，2017，『東芝の悲劇』幻冬舎。

Peters, T. J. and Waterman, R. H. Jr., 1982, *In Search of Excellence,* Harper & Row.（＝1986, 大前研一訳『エクセレント・カンパニー（上）』講談社。）

Quinney, R., 1964, "The Study of White Collar Crime," *The Journal of Criminal Law, Criminology and Police Science,* 55（2）：208-14.

Ritzer, G., [1993] 1996, *The McDonaldization of Society, Revised Edition,* Pine Forge Press.（＝1999, 正岡寛司監訳『マクドナルド化する社会』早稲田大学出版部。）

Ritzer, G., 1998, *The McDonaldization Thesis,* Sage Publications.（＝2001, 正岡寛司監訳『マクドナルド化の世界』早稲田大学出版部。）

Ritzer, G., [1999] 2005, *Enchanting a Disenchanted World, 2nd ed.,* Pine Forge Press.（＝2009, 山本徹夫・坂田恵美訳『消費社会の魔術的体系』明石書店。）

Ritzer, G., 2004, *The Globalization of Nothing,* Pine Forge Press.

（＝2005, 正岡寛司監訳『無のグローバル化』明石書店。）

齋藤正和, 2000, 『出資法〔改訂版〕』青林書院。

櫻井通晴, 2012, 「オリンパス損失隠し事件の本質と将来の課題」『専修マ
ネジメント・ジャーナル』2(1)：35-46.

Sassen, S., [1991] 2001, *The Global City, Second Edition,* Prince-
ton University Press.（＝2018, 伊豫谷登士翁監訳『グローバル・シ
ティ』筑摩書房。）

Schopenhauer, A., 1819, *Die Welt als Wille und Vorstellung.*（＝
2004, 西尾幹二訳『意志と表象としての世界 I』中央公論新社。）

Scott, M. B. and Lyman, S. M., 1968, "Accounts," *American Socio-
logical Review,* 33(1)：46-62.

柴垣和夫, 2008, 「グローバル資本主義の本質とその歴史的位相」『政経研
究』90：3-14.

芝原邦爾, 1972, 「会社犯罪とホワイトカラー・クライム」『神戸法学雑
誌』22(2)：61-70.

芝原邦爾, 1996, 「出資法をめぐる法解釈上の諸問題」内藤謙・芝原邦
爾・西田典之編『刑事法学の課題と展望』成文堂, 359-76.

Stokes, R. and Hewitt, J. P., 1976, "Aligning Actions," *American
Sociological Review,* 41(5)：838-49.

杉村富生, 1996, 『'98 比較 日本の会社 証券会社』実務教育出版。

Sutherland, E. H., [1939] 1947, *Principles of Criminology, 4th ed.,*
J. B. Lippincott Company.（＝1950, 東京大學刑法研究室訳『刑事學
原論 上巻』朝倉書店。）

Sutherland, E. H., 1949, *White Collar Crime,* The Dryden Press.
（＝1955, 平野竜一・井口浩二訳『ホワイト・カラーの犯罪』岩波書
店。）

鈴木芳徳, 1974, 『信用制度と株式会社』新評論。

Sykes, G. M. and Matza, D., 1957, "Techniques of Neutralization,"
American Sociological Review, 22(6)：664-70.

田上孝一, 1997, 「物象化と物神崇拝の関係」『季報 唯物論研究』62：
68-80.

高瀬恭介, 1999, 『〔新版〕金融変革と銀行経営』日本評論社。

高橋洋児, 1973, 「物神性批判の一視角」『思想』586：490-512.

高橋洋児，1978，「物神性論の転回」『経済学批判』 4 ：67-79.

高橋洋児，1981，『物神性の解読』勁草書房。

武田昌輔・井澤敬一・阿達哲雄・竹内一郎・清水浩編，1998，『第六版
　金融証券用語辞典』BSI エデュケーション。

田村雅幸，1995，「犯罪者集団」星野周弘・米川茂信・荒木伸怡・澤登俊
　雄・西村春夫編『犯罪・非行事典』大成出版社，239-42.

田中滋，1986，「「薬害」の総体的認識に向けて」宝月誠編『薬害の社会
　学』世界思想社，213-50.

チーム FACTA，2012，『オリンパス症候群〈シンドローム〉』平凡社。

徳永恂，1976，「序論」徳永恂編『社会学講座第11巻　知識社会学』東京
　大学出版会，1-16.

Tönnies, F, 1887, *Gemeinschaft und Gesellschaft.* (＝1957，杉之原
　寿一訳『ゲマインシャフトとゲゼルシャフト（上）』岩波書店。)

富森虔児，1982，「巨大会社と「資本家の物化」」『経済学研究』（北海道大
　学）32(3)：19-49.

東京芝浦電気，1977，『東芝百年史』ダイヤモンド社。

東洋経済新報社，2011，『会社四季報秋号2011年 4 集』東洋経済新報社。

鶴田満彦，2005，「グローバル資本主義」鶴田満彦編著『現代経済システ
　ム論』日本経済評論社，62-77.

鶴田満彦，2009，『グローバル資本主義と日本経済』桜井書店。

上嶌一高，1997，「浮貸し等の罪」西田典之編『金融業務と刑事法』有斐
　閣，113-27.

植竹晃久，1984，『企業形態論』中央経済社。

Wallerstein, I, [1989] 2011, *The Modern World-System III (New
　Edition),* The Regents of the University of California. (＝2013，
　川北稔訳『近代世界システムⅢ』名古屋大学出版会。)

渡辺雅男，2004，『階級！』彩流社。

渡辺憲正，2001，『イデオロギー論の再構築』青木書店。

Weber, M., 1922, "Soziologische Grundbegriffe," in *Wirtschaft
　und Gesellschaft,* J. C. B. Mohr. (＝1972，清水幾太郎訳『社会学の
　根本概念』岩波書店。)

山田純平，2013，「オリンパス事件の会計問題」『経済研究』（明治学院大
　学経済学部）146：167-81.

山田晃久・鈴木啓市, 2018,「会計に関する不祥事の実例」弁護士法人中央総合法律事務所編『企業不祥事のケーススタディ』商事法務, 16-43.

山口義正, 2016,『ザ・粉飾』講談社。

山本広太郎, 1985,『差異とマルクス』青木書店。

山中一郎, 1959,「公務員犯罪の問題点」『哲學』(慶應義塾大学三田哲学会) 36:99-125.

山中一郎, 1963a,「ホワイト・カラー犯罪とディファレンシャル・アソシエーション理論について」『綜合法学』6⑿:20-5.

山中一郎, 1963b,「White-Collar Crime 研究の現状と課題」『慶應義塾大学大学院社会学研究科紀要』 2:17-27.

山中一郎, 1976,『公務員犯罪研究序説』相川書房。

山中一郎, 1977a,「公務員犯罪とその権力的背景の分析」『明治学院論叢社会学・社会福祉学研究』47:35-55.

山中一郎, 1977b,「公務員犯罪とその権力的背景の分析(その二)」『明治学院論叢社会学・社会福祉学研究』48:43-58.

山中一郎, 1980,「公務員犯罪をめぐる諸問題」『明治学院論叢社会学・社会福祉学研究』55:69-97.

山中一郎, 1983a,「公務員犯罪の構図」『明治学院論叢社会学・社会福祉学研究』62・63:87-116.

山中一郎, 1983b,「公務員犯罪の特質」『法と政策』23:15-22.

山中一郎, 1988,「日本における組織体犯罪研究の現状と課題」『犯罪社会学研究』13:42-60.

米川茂信, 1985,「ホワイトカラー」澤登俊雄・所一彦・星野周弘・前野育三編『刑事政策』蒼林社出版, 381-401.

吉田和男, 1994,『日本型銀行経営の罪』東洋経済新報社。

湯谷昇羊, 1992,『迷走する銀行』ダイヤモンド社。

Žižek, S., 2006, *The Parallax View,* The MIT Press. (=2010, 山本耕一訳『パララックス・ヴュー』作品社。)

1章　ホワイトカラー犯罪とは

　書き下ろし。

2章　大手都市銀行行員の職務犯罪

　「銀行員の職務犯罪―銀行業界の業界下位文化と犯罪―」（『犯罪社会学研究』第26号（2001年））に修正。

3章　大手証券会社社員の職務犯罪

　「証券会社社員の職務犯罪―証券業界の業界下位文化と犯罪―」（『犯罪社会学研究』第24号（1999年））に修正。

4章　大手製紙会社会長の職務犯罪

　「大手製紙会社会長の職務犯罪―大手製紙会社のイデオロギーと犯罪―」（『中央大学経済研究所年報』第51号（2019年））に修正。

5章　オリンパスの組織体犯罪

　「大手精密機器メーカーの組織体犯罪と「会社それ自体」の物神崇拝」（『経済科学通信』138号（2015年）），「大手精密機器メーカーの組織体犯罪」（『中央大学経済研究所年報』46号（2015年））に加筆・修正。

6章　東芝の不正会計

　「大手電機メーカーの不正会計の考察」（『経済科学通信』140号（2016年））に大幅加筆・修正。

7章　日本大学アメリカンフットボール部悪質タックル事件

　「大学アメリカンフットボール部事件」（『経済科学通信』148号（2019年））に加筆・修正。

8章　正当化

　書き下ろし。

9章　イデオロギー

　「住宅業界の業界イデオロギーとしての営業重視主義の研究―アルチュセールとイーグルトンのイデオロギー論に基づいて―」（『桐朋学園大学研究紀要』第33集（2007年））に大幅加筆・修正。

10章　結　論

　書き下ろし。

あ と が き

　本書では，はしがきに書いたように，社会学と経済学の理論や概念を駆使して，ホワイトカラー犯罪の研究を行った。本書におけるホワイトカラー犯罪の研究が妥当なものであるかどうか，読者からのご批判を請いたい。

　本書を作成する際には，多大なエネルギーと時間を要した。学問を行うことの大変さを，改めて実感した。

　本書作成までには，多くの先生方からのご指導とご教授を受けた。この場をお借りして，感謝申し上げたい。特に，矢島正見先生，西野萬里先生，麦倉哲先生，大西広先生には，改めて，感謝申し上げたい。

　また，本書の出版について，出版までご助力いただいた，学文社と，田中千津子社長にお礼を申し上げたい。

前島　賢士

前島　賢土（まえじま　けんと）

1971年東京都生まれ
1995年明治大学商学部商学科卒業，2001年中央大学大学院文学研究科社会学専攻博士後期課程単位取得退学
現　　在　獨協大学経済学部非常勤講師，中央大学通信教育部インストラクター
　　　　　専攻は犯罪社会学，社会病理学
主要論文　「ベンチャー企業をめざす若者たち」（矢島正見・耳塚寛明編著『変わる若者と職業世界』2001年，学文社），「住宅会社社員の働きすぎ―働きすぎの住宅会社社員の働く動機と住宅業界の業界イデオロギー―」（2006年，『現代の社会病理』第21号）

日本のホワイトカラー犯罪

2020年9月10日　第1版第1刷発行　　　　　　　　　　　　〈検印省略〉

著　者──前　島　賢　土
発行者──田　中　千津子
発行所──㈱　学　文　社

〒153-0064　東京都目黒区下目黒3－6－1
電話（03)3715-1501㈹　振替 00130-9-98842
https://www.gakubunsha.com

落丁，乱丁本は，本社にてお取替え致します。　　印刷／東光整版印刷㈱
定価は売上カード，カバーに表示してあります。

ISBN 978 4 7620 3029 1